BIBLIOTECA

Ye...

Poeta en Nueva York

FEDERICO GARCÍA LORCA nació en Fuenteva-
queros (Granada) en 1898 y fue asesinado en Viznar en 1936. Su obra poética,
que había destacado ya de modo particu-
lar en *Canciones* (1927), le situó a par-
tir de la publicación de *Romancero gita-
no* (1928) en un lugar privilegiado en la
literatura española contemporánea, que
se vio confirmado por el éxito de su pro-
ducción teatral, y particularmente de *Bo-
das de sangre* (1933) y *Yerma* (1934).
La publicación póstuma del volumen de
poesía *Poeta en Nueva York* y la tragedia
La casa de Bernarda Alba acrecentó aún
más las excepcionales dimensiones de su
figura, cuyo prestigio e influencia en las
sucesivas generaciones de los más diver-
sos países no han dejado de ir en au-
mento.

Federico García Lorca

Yerma

Poeta en Nueva York

MONICA

June 25th 1995

Cincinati, OH

BIBLIOTECA DE BOLSILLO

Cubierta: Amand Domènech

Tercera edición en
Biblioteca de Bolsillo:
diciembre 1991

© Herederos de Federico García Lorca, 1987

Derechos exclusivos de edición en castellano
reservados para todo el mundo:
© 1987 y 1991: Editorial Seix Barral, S. A.
Córcega, 270 - 08008 Barcelona

ISBN: 84-322-3042-1

Depósito legal: B. 41.423 - 1991

Impreso en España

1991. — Talleres Gráficos HUROPE, S. A.
Recaredo, 2 - 08005 Barcelona

YERMA

POEMA TRÁGICO EN TRES ACTOS
Y SEIS CUADROS

PERSONAJES

YERMA
MARÍA
VIEJA PAGANA
DOLORES
LAVANDERA 5.ª
LAVANDERA 6.ª
LAVANDERA 1.ª
LAVANDERA 2.ª
LAVANDERA 3.ª
LAVANDERA 4.ª
MUCHACHA 1.ª
MUCHACHA 2.ª

HEMBRA
CUÑADA 1.ª
CUÑADA 2.ª
MUJER 1.ª
MUJER 2.ª
NIÑO
JUAN
VÍCTOR
MACHO
HOMBRE 1.º
HOMBRE 2.º
HOMBRE 3.º

ACTO PRIMERO

CUADRO PRIMERO

Al levantarse el telón está YERMA dormida con un taban-
que de costura a los pies. La escena tiene una extraña luz
de sueño. Un PASTOR sale de puntillas, mirando fijamente
a YERMA. Lleva de la mano a un NIÑO vestido de blanco.
Suena el reloj. Cuando sale el PASTOR la luz se cambia
por una alegre luz de mañana de primavera. YERMA se
despierta.

CANTO

VOZ. *(Dentro.)*

> A la nana, nana, nana,
> a la nanita le haremos
> una chocita en el campo
> y en ella nos meteremos.

YERMA. Juan, ¿me oyes?, Juan.

JUAN. Voy.

YERMA. Ya es la hora.

JUAN. ¿Pasaron las yuntas?

YERMA. Ya pasaron.

JUAN. Hasta luego. *(Va a salir.)*

YERMA. ¿No tomas un vaso de leche?

JUAN. ¿Para qué?

YERMA. Trabajas mucho y no tienes tú cuerpo para resistir los trabajos.

JUAN. Cuando los hombres se quedan enjutos se ponen fuertes como el acero.

YERMA. Pero tú no. Cuando nos casamos eras otro. Ahora tienes la cara blanca, como si no te diera en ella el sol. A mí me gustaría que fueras al río y nadaras y que te subieras al tejado cuando la lluvia cala nuestra vivienda. Veinticuatro meses llevamos casados, y tú cada vez más triste, más enjuto, como si crecieras al revés.

JUAN. ¿Has acabado?

YERMA. (Levantándose.) No lo tomes a mal. Si yo estuviera enferma, me gustaría que tú me cuidases. «Mi mujer está enferma. Voy a matar este cordero para hacerle un buen guiso de carne.» «Mi mujer está enferma. Voy a guardar esta enjundia de gallina para aliviar su pecho, voy a llevarle esta piel de oveja para guardar sus pies de la nieve.» Así soy yo. Por eso te cuido.

JUAN. Y yo te lo agradezco.

YERMA. Pero no te dejas cuidar.

JUAN. Es que no tengo nada. Todas esas cosas son suposiciones tuyas. Trabajo mucho. Cada año seré más viejo.

YERMA. Cada año... Tú y yo seguimos aquí cada año...

JUAN. (Sonriente.) Naturalmente. Y bien sosegados. Las cosas de la labor van bien, no tenemos hijos que gasten.

YERMA. No tenemos hijos... ¡Juan!

JUAN. Dime.

YERMA. ¿Es que yo no te quiero a ti?

JUAN. Me quieres.

YERMA. Yo conozco muchachas que han temblado y que lloraban antes de entrar en la cama con sus maridos. ¿Lloré yo la primera vez que me acosté contigo? ¿No cantaba al levantar los embozos de holanda? ¿Y no te dije: «¡Cómo huelen a manzanas estas ropas!»?

JUAN. ¡Eso dijiste!

YERMA.   Mi madre lloró porque no sentí separarme de ella.

¡Y era verdad! Nadie se casó con más alegría. Y sin embargo...

JUAN.   Calla. Demasiado trabajo tengo yo con oír en todo momento...

YERMA.   No. No me repitas lo que dicen. Yo veo por mis ojos que eso no puede ser... A fuerza de caer la lluvia sobre las piedras, éstas se ablandan y hacen crecer jaramagos, que las gentes dicen que no sirvo para nada. «Los jaramagos no sirven para nada», pero yo bien los veo mover sus flores amarillas en el aire.

JUAN.   ¡Hay que esperar!

YERMA.   Sí; queriendo. *(YERMA abraza y besa al marido, tomando ella la iniciativa.)*

JUAN.   Si necesitas algo, me lo dices y lo traeré. Ya sabes que no me gusta que salgas.

YERMA.   Nunca salgo.

JUAN.   Estás mejor aquí.

YERMA.   Ya pasaron.

YERMA.   Sí.

JUAN.   La calle es para la gente desocupada.

YERMA.   *(Sombría.)* Claro.

(El marido sale y YERMA *se dirige a la costura, se pasa la mano por el vientre, alza los brazos en un hermoso bostezo y se sienta a coser.)*

¿De dónde vienes, amor, mi niño?
De la cresta del duro frío.
¿Qué necesitas, amor, mi niño?
La tibia tela de tu vestido.

(Enhebra la aguja.)

¡Que se agiten las ramas al sol
y salten las fuentes alrededor!

(Como si hablara con un niño.)

En el patio ladra el perro,
en los árboles canta el viento.
Los bueyes mugen al boyero
y la luna me riza los cabellos.
¿Qué pides, niño, desde tan lejos?

(Pausa.)

Los blancos montes que hay en tu pecho.
¡Que se agiten las ramas al sol
y salten las fuentes alrededor!

(Cosiendo.)

Te diré, niño mío, que sí,
tronchada y rota soy para ti.
¡Cómo me duele esta cintura
donde tendrás primera cuna!
¿Cuándo, mi niño, vas a venir?

(Pausa.)

Cuando tu carne huela a jazmín.
¡Que se agiten las ramas al sol
y salten las fuentes alrededor!

(Yerma queda cantando. Por la puerta entra María, que viene con un lío de ropa.)

¿De dónde vienes?

MARÍA.   De la tienda.

YERMA.   ¿De la tienda tan temprano?

MARÍA.   Por mi gusto hubiera esperado en la puerta a que abrieran; y ¿a que no sabes lo que he comprado?

YERMA.   Habrás comprado café para el desayuno, azúcar, los panes.

MARÍA.   No. He comprado encajes, tres varas de hilo, cintas y lanas de color para hacer madroños. El dinero lo tenía mi marido y me lo ha dado él mismo.

YERMA.   Te vas a hacer una blusa.

10

MARÍA.   No, es porque... ¿sabes?

YERMA.   ¿Qué?

MARÍA.   Porque ¡ya ha llegado! *(Queda con la cabeza baja.)*

> *(YERMA se levanta y queda mirándola con admiración.)*

YERMA.   ¡A los cinco meses!

MARÍA.   Sí.

YERMA.   ¿Te has dado cuenta de ello?

MARÍA.   Naturalmente.

YERMA.   *(Con curiosidad.)* ¿Y qué sientes?

MARÍA.   No sé. Angustia.

YERMA.   Angustia. *(Agarrada a ella.)* Pero... ¿cuándo llegó?... Dime. Tú estabas descuidada.

MARÍA.   Sí, descuidada...

YERMA.   Estarías cantando, ¿verdad? Yo canto. Tú..., dime...

MARÍA.   No me preguntes. ¿No has tenido nunca un pájaro vivo apretado en la mano?

YERMA.   Sí.

MARÍA.   Pues lo mismo..., pero por dentro de la sangre.

YERMA.   ¡Qué hermosura! *(La mira extraviada.)*

MARÍA.   Estoy aturdida. No sé nada.

YERMA.   ¿De qué?

MARÍA.   De lo que tengo que hacer. Le preguntaré a mi madre.

YERMA.   ¿Para qué? Ya está vieja y habrá olvidado estas cosas. No andes mucho y cuando respires respira tan suave como si tuvieras una rosa entre los dientes.

11

MARÍA. Oye: dicen que más adelante te empuja suavemente con las piernecitas.

YERMA. Y entonces es cuando se le quiere más, cuando se dice ya: ¡mi hijo!

MARÍA. En medio de todo tengo vergüenza.

YERMA. ¿Qué ha dicho tu marido?

MARÍA. Nada.

YERMA. ¿Te quiere mucho?

MARÍA. No me lo dice, pero se pone junto a mí y sus ojos tiemblan como dos hojas verdes.

YERMA. ¿Sabía él que tú...?

MARÍA. Sí.

YERMA. ¿Y por qué lo sabía?

MARÍA. No sé. Pero la noche que nos casamos me lo decía constantemente con su boca puesta en mi mejilla, tanto que a mí me parece que mi niño es un palomo de lumbre que él me deslizó por la oreja.

YERMA. ¡Dichosa!

MARÍA. Pero tú estás más enterada de esto que yo.

YERMA. ¿De qué me sirve?

MARÍA. ¡Es verdad! ¿Por qué será eso? De todas las novias de tu tiempo tú eres la única.

YERMA. Es así. Claro que todavía es tiempo. Elena tardó tres años, y otras antiguas, del tiempo de mi marido, mucho más; pero dos años y veinte días, como yo, es demasiado esperar. Pienso que no es justo que yo me consuma aquí. Muchas noches salgo descalza al patio para pisar la tierra, no sé por qué. Si sigo así, acabaré volviéndome mala.

MARÍA. Pero ven acá, criatura; hablas como si fueras una vieja. ¡Qué digo! Nadie puede quejarse de estas cosas.

Una hermana de mi madre lo tuvo a los catorce años, ¡y si vieras qué hermosura de niño!

YERMA. *(Con ansiedad.)* ¿Qué hacía?

MARÍA. Lloraba como un torito, con la fuerza de mil cigarras cantando a la vez, y nos orinaba y nos tiraba de las trenzas, y cuando tuvo cuatro meses nos llenaba la cara de arañazos.

YERMA. *(Riendo.)* Pero esas cosas no duelen.

MARÍA. Te diré...

YERMA. ¡Bah! Yo he visto a mi hermana dar de mamar a su niño con el pecho lleno de grietas y le producía un gran dolor, pero era un dolor fresco, bueno, necesario para la salud.

MARÍA. Dicen que con los hijos se sufre mucho.

YERMA. Mentira. Eso lo dicen las madres débiles, las quejumbrosas. ¿Para qué los tienen? Tener un hijo no es tener un ramo de rosas. Hemos de sufrir para verlos crecer. Yo pienso que se nos va la mitad de nuestra sangre. Pero esto es bueno, sano, hermoso. Cada mujer tiene sangre para cuatro o cinco hijos, y cuando no los tienen se les vuelve veneno, como me va a pasar a mí.

MARÍA. No sé lo que tengo.

YERMA. Siempre oí decir que las primerizas tienen susto.

MARÍA. *(Tímida.)* Veremos... Como tú coses tan bien...

YERMA. *(Cogiendo el lío.)* Trae. Te cortaré dos trajecitos. ¿Y esto?

MARÍA. Son los pañales.

YERMA. Bien. *(Se sienta.)*

MARÍA. Entonces... Hasta luego.

(Se acerca y YERMA *le coge amorosamente el vientre con las manos.)*

YERMA. No corras por las piedras de la calle.

MARÍA. Adiós. *(La besa y sale.)*

YERMA. Vuelve pronto. *(YERMA queda en la misma actitud que al principio. Coge las tijeras y empieza a cortar. Sale VÍCTOR.)* Adiós, Víctor.

VÍCTOR. *(Es profundo y lleva firme gravedad.)* ¿Y Juan?

YERMA. En el campo.

VÍCTOR. ¿Qué coses?

YERMA. Corto unos pañales.

VÍCTOR. *(Sonriente.)* ¡Vamos!

YERMA. *(Ríe.)* Los voy a rodear de encajes.

VÍCTOR. Si es niña le pondrás tu nombre.

YERMA. *(Temblando.)* ¿Cómo?...

VÍCTOR. Me alegro por ti.

YERMA. *(Casi ahogada.)* No..., no son para mí. Son para el hijo de María.

VÍCTOR. Bueno, pues a ver si con el ejemplo te animas. En esta casa hace falta un niño.

YERMA. *(Con angustia.)* ¡Hace falta!

VÍCTOR. Pues adelante. Dile a tu marido que piense menos en el trabajo. Quiere juntar dinero y lo juntará, pero ¿a quién lo va a dejar cuando se muera? Yo me voy con las ovejas. Dile a Juan que recoja las dos que me compró, y en cuanto a lo otro, ¡que ahonde! *(Se va sonriente.)*

YERMA. *(Con pasión.)*

> ¡Eso! ¡Que ahonde!
> Te diré, niño mío, que sí,
> tronchada y rota soy para ti.
> ¡Cómo me duele esta cintura,
> donde tendrás primera cuna!

14

¿Cuándo, mi niño, vas a venir?
¡Cuando tu carne huela a jazmín!

(YERMA, *que en actitud pensativa se levanta y acude al sitio donde ha estado* VÍCTOR *y respira fuertemente, como si aspirara aire de montaña; después va al otro lado de la habitación, como buscando algo, y de allí vuelve a sentarse y coge otra vez la costura. Comienza a coser y queda con los ojos fijos en un punto.)*

Telón

CUADRO SEGUNDO

Campo. Sale YERMA. Trae una cesta. Sale la VIEJA 1.ª

YERMA. Buenos días.

VIEJA 1.ª Buenos los tenga la hermosa muchacha. ¿Dónde vas?

YERMA. Vengo de llevar la comida a mi esposo, que trabaja en los olivos.

VIEJA 1.ª ¿Llevas mucho tiempo de casada?

YERMA. Tres años.

VIEJA 1.ª ¿Tienes hijos?

YERMA. No.

VIEJA 1.ª ¡Bah! ¡Ya tendrás!

YERMA. *(Con ansiedad.)* ¿Usted lo cree?

VIEJA 1.ª ¿Por qué no? *(Se sienta.)* También yo vengo de traer la comida a mi esposo. Es viejo. Todavía trabaja. Tengo nueve hijos como nueve soles, pero como ninguno es hembra, aquí me tienes a mí de un lado para otro.

YERMA. Usted vive al otro lado del río.

Vieja 1.ª.   Sí. En los molinos. ¿De qué familia eres tú?

Yerma.   Yo soy hija de Enrique el pastor.

Vieja 1.ª.   ¡Ah! Enrique el pastor. Lo conocí. Buena gente. Levantarse. Sudar, comer unos panes y morirse. Ni más juego, ni más nada. Las ferias para otros. Criaturas de silencio. Pude haberme casado con un tío tuyo. Pero ¡ca! Yo he sido una mujer de faldas en el aire, he ido flechada a la tajada de melón, a la fiesta, a la torta de azúcar. Muchas veces me he asomado de madrugada a la puerta creyendo oír música de bandurrias que iba, que venía, pero era el aire. (Ríe.) Te vas a reír de mí. He tenido dos maridos, catorce hijos, cinco murieron y, sin embargo, no estoy triste, y quisiera vivir mucho más. Es lo que digo yo. Las higueras, ¡cuánto duran! Las casas, ¡cuánto duran!, y sólo nosotras, las endemoniadas mujeres, nos hacemos polvo por cualquier cosa.

Yerma.   Yo quisiera hacerle una pregunta.

Vieja 1.ª.   ¿A ver? (La mira.) Ya sé lo que me vas a decir. De estas cosas no se puede decir palabra. (Se levanta.)

Yerma.   (Deteniéndola.) ¿Por qué no? Me ha dado confianza el oírla hablar. Hace tiempo estoy deseando tener conversación con mujer vieja. Porque yo quiero enterarme. Sí. Usted me dirá...

Vieja 1.ª.   ¿Qué?

Yerma.   (Bajando la voz.) Lo que usted sabe. ¿Por qué estoy yo seca? ¿Me he de quedar en plena vida para cuidar aves o poner cortinitas planchadas en mi ventanillo? No. Usted me ha de decir lo que tengo que hacer, que yo haré lo que sea, aunque me mande clavarme agujas en el sitio más débil de mis ojos.

Vieja 1.ª.   ¿Yo? Yo no sé nada. Yo me he puesto boca arriba y he comenzado a cantar. Los hijos llegan como el agua. ¡Ay! ¿Quién puede decir que este cuerpo que tienes no es hermoso? Pisas, y al fondo de la calle relincha el caballo. ¡Ay! Déjame, muchacha, no me hagas hablar. Pienso muchas ideas que no quiero decir.

YERMA. ¿Por qué? ¡Con mi marido no hablo de otra cosa!

VIEJA 1.ª. Oye. ¿A ti te gusta tu marido?

YERMA. ¿Cómo?

VIEJA 1.ª. Que si lo quieres. Si deseas estar con él...

YERMA. No sé.

VIEJA 1.ª. ¿No tiemblas cuando se acerca a ti? ¿No te da así como un sueño cuando acerca sus labios? Dime.

YERMA. No. No lo he sentido nunca.

VIEJA 1.ª. ¿Nunca? ¿Ni cuando has bailado?

YERMA. *(Recordando.)* Quizá... Una vez... Víctor...

VIEJA 1.ª. Sigue.

YERMA. Me cogió de la cintura y no pude decirle nada porque no podía hablar. Otra vez el mismo Víctor, teniendo yo catorce años (él era un zagalón), me cogió en sus brazos para saltar una acequia y me entró un temblor que me sonaron los dientes. Pero es que yo he sido vergonzosa.

VIEJA 1.ª. Y con tu marido...

YERMA. Mi marido es otra cosa. Me lo dio mi padre y yo lo acepté. Con alegría. Ésta es la pura verdad. Pues el primer día que me puse novia con él ya pensé... en los hijos... Y me miraba en sus ojos. Sí, pero era para verme muy chica, muy manejable, como si yo misma fuera hija mía.

VIEJA 1.ª. Todo lo contrario que yo. Quizá por eso no hayas parido a tiempo. Los hombres tienen que gustar, muchacha. Han de deshacernos las trenzas y darnos de beber agua en su misma boca. Así corre el mundo.

YERMA. El tuyo, que el mío, no. Yo pienso muchas cosas, muchas, y estoy segura que las cosas que pienso las ha de realizar mi hijo. Yo me entregué a mi marido por él, y me sigo entregando para ver si llega, pero nunca por divertirme.

VIEJA 1.ª. ¡Y resulta que estás vacía!

YERMA. No, vacía, no; porque me estoy llenando de odio. Dime: ¿tengo yo la culpa? ¿Es preciso buscar en el hombre al hombre nada más? Entonces, ¿qué vas a pensar cuando te deja en la cama con los ojos tristes mirando al techo y se da media vuelta y se duerme? ¿He de quedarme pensando en él o en lo que puede salir relumbrando de mi pecho? Yo no sé, ¡pero dímelo tú, por caridad! *(Se arrodilla.)*

VIEJA. 1.ª. ¡Ay, qué flor abierta! Qué criatura tan hermosa eres. Déjame. No me hagas hablar más. No quiero hablarte más. Son asuntos de honra y yo no quemo la honra de nadie. Tú sabrás. De todos modos, debías ser menos inocente.

YERMA. *(Triste.)* Las muchachas que se crían en el campo, como yo, tienen cerradas todas las puertas. Todo se vuelven medias palabras, gestos, porque todas estas cosas dicen que no se pueden saber. Y tú también, tú también te callas y te vas con aire de doctora, sabiéndolo todo, pero negándolo a la que se muere de sed.

VIEJA 1.ª. A otra mujer serena yo le hablaría. A ti no. Soy vieja, y sé lo que digo.

YERMA. Entonces, que Dios me ampare.

VIEJA 1.ª Dios, no. A mí no me ha gustado nunca Dios. ¿Cuándo os vais a dar cuenta de que no existe? Son los hombres los que tienen que amparar.

YERMA. Pero ¿por qué me dices eso, por qué?

VIEJA 1.ª. *(Yéndose.)* Aunque debía haber Dios, aunque fuera pequeñito, para que mandara rayos contra los hombres de simiente podrida que encharcan la alegría de los campos.

YERMA. No sé lo que me quieres decir.

VIEJA 1.ª. Bueno, yo me entiendo. No pases tristeza. Espera en firme. Eres muy joven todavía. ¿Qué quieres que haga yo? *(Se va.)*

(Aparecen dos MUCHACHAS.*)*

MUCHACHA 1.ª.   Por todas partes nos vamos encontrando gente.

YERMA.   Con las faenas, los hombres están en los olivos, hay que traerles de comer. No quedan en las casas más que los ancianos.

MUCHACHA 2.ª.   ¿Tú regresas al pueblo?

YERMA.   Hacia allá voy.

MUCHACHA 1.ª.   Yo llevo mucha prisa. Me dejé el niño dormido y no hay nadie en casa.

YERMA.   Pues aligera, mujer. Los niños no se pueden dejar solos. ¿Hay cerdos en tu casa?

MUCHACHA 1.ª.   No. Pero tienes razón. Voy de prisa.

YERMA.   Anda. Así pasan las cosas. Seguramente lo has dejado encerrado.

MUCHACHA 1.ª.   Es natural.

YERMA.   Sí, pero es que no os dais cuenta lo que es un niño pequeño. La causa que nos parece más inofensiva puede acabar con él. Una agujita, un sorbo de agua.

MUCHACHA 1.ª.   Tienes razón. Voy corriendo. Es que no me doy bien cuenta de las cosas.

YERMA.   Anda.

MUCHACHA 2.ª.   Si tuvieras cuatro o cinco, no hablarías así.

YERMA.   ¿Por qué? Aunque tuviera cuarenta.

MUCHACHA 2.ª.   De todos modos, tú y yo, con no tenerlos, vivimos más tranquilas.

YERMA.   Yo, no.

MUCHACHA 2.ª.   Yo, sí. ¡Qué afán! En cambio, mi madre no hace más que darme yerbajos para que los tenga, y en octubre iremos al Santo que dicen que los da a la que lo pide con ansia. Mi madre pedirá. Yo, no.

YERMA.   ¿Por qué te has casado?

MUCHACHA 2.ª.   Porque me han casado. Se casan todas. Si seguimos así, no va a haber solteras más que las niñas. Bueno, y además una se casa en realidad mucho antes de ir a la iglesia. Pero las viejas se empeñan en todas estas cosas. Yo tengo diecinueve años y no me gusta guisar ni lavar. Bueno; pues todo el día he de estar haciendo lo que no me gusta. ¿Y para qué? ¿Qué necesidad tiene mi marido de ser mi marido? Porque lo mismo hacíamos de novios que ahora. Tonterías de viejos.

YERMA.   Calla, no digas esas cosas.

MUCHACHA 2.ª.   También tú me dirás loca, ¡la loca, la loca! *(Ríe.)* Yo te puedo decir lo único que he aprendido en la vida: toda la gente está metida dentro de sus casas haciendo lo que no les gusta. Cuánto mejor se está en medio de la calle. Ya voy al arroyo, ya subo a tocar las campanas, ya me tomo un refresco de anís.

YERMA.   Eres una niña.

MUCHACHA 2.ª.   Claro, pero no estoy loca. *(Ríe.)*

YERMA.   ¿Tu madre vive en la puerta más alta del pueblo?

MUCHACHA 2.ª.   Sí.

YERMA.   ¿En la última casa?

MUCHACHA 2.ª.   Sí.

YERMA.   ¿Cómo se llama?

MUCHACHA 2.ª.   Dolores. ¿Por qué preguntas?

YERMA.   Por nada.

MUCHACHA 2.ª.   Por algo preguntarás.

YERMA.   No sé..., es un decir...

MUCHACHA 2.ª.   Allá tú... Mira, me voy a dar la comida
a mi marido. *(Ríe.)* Es lo que hay que ver. Qué lástima
no poder decir mi novio, ¿verdad? *(Ríe.)* ¡Ya se va la
loca! *(Se va riendo alegremente.)* ¡Adiós!

VOZ DE VÍCTOR.   *(Cantando.)*

> ¿Por qué duermes solo, pastor?
> ¿Por qué duermes solo, pastor?
> En mi colcha de lana
> dormirías mejor.
> ¿Por qué duermes solo, pastor?

YERMA.   *(Escuchando.)*

> ¿Por qué duermes solo, pastor?
> En mi colcha de lana
> dormirías mejor.
> Tu colcha de oscura piedra,
>   pastor,
> y tu camisa de escarcha,
>   pastor,
> juncos grises del invierno
> en la noche de tu cama.
> Los robles ponen agujas,
>   pastor,
> debajo de tu almohada,
>   pastor,
> y si oyes voz de mujer
> es la rota voz del agua.
>   Pastor, pastor.
> ¿Qué quiere el monte de ti?,
>   pastor.
> Monte de hierbas amargas,
> ¿qué niño te está matando?
> ¡La espina de la retama!

(Va a salir y se tropieza con VÍCTOR, *que entra.)*

VÍCTOR.   *(Alegre.)* ¿Dónde va lo hermoso?

YERMA.   ¿Cantabas tú?

VÍCTOR.   Yo.

YERMA.   ¡Qué bien! Nunca te había sentido.

VÍCTOR.   ¿No?

YERMA.   Y qué voz tan pujante. Parece un chorro de agua que te llena toda la boca.

VÍCTOR.   Soy alegre.

YERMA.   Es verdad.

VÍCTOR.   Como tú triste.

YERMA.   No soy triste; es que tengo motivos para estarlo.

VÍCTOR.   Y tu marido más triste que tú.

YERMA.   Él, sí. Tiene un carácter seco.

VÍCTOR.   Siempre fue igual. *(Pausa. YERMA está sentada.)* ¿Viniste a traer la comida?

YERMA.   Sí. *(Lo mira. Pausa.)* ¿Qué tienes aquí? *(Señala la cara.)*

VÍCTOR.   ¿Dónde?

YERMA.   *(Se levanta y se acerca a VÍCTOR.)* Aquí..., en la mejilla; como una quemadura.

VÍCTOR.   No es nada.

YERMA.   Me ha parecido.

   (Pausa.)

VÍCTOR.   Debe ser el sol...

YERMA.   Quizá...

   (Pausa. El silencio se acentúa y sin el menor gesto comienza una lucha entre los dos personajes.)

YERMA.   *(Temblando.)* ¿Oyes?

VÍCTOR.   ¿Qué?

YERMA.   ¿No sientes llorar?

Víctor.   *(Escuchando.)* No.

Yerma.   Me había parecido que lloraba un niño.

Víctor.   ¿Sí?

Yerma.   Muy cerca. Y lloraba como ahogado.

Víctor.   Por aquí hay siempre muchos niños que vienen a robar fruta.

Yerma.   No. Es la voz de un niño pequeño.

   (Pausa.)

Víctor.   No oigo nada.

Yerma.   Serán ilusiones mías. *(Lo mira fijamente, y Víctor la mira también y desvía la mirada lentamente, como con miedo.)*

   (Sale Juan.)

Juan.   ¿Qué haces todavía aquí?

Yerma.   Hablaba.

Víctor.   Salud. *(Sale.)*

Juan.   Debías estar en casa.

Yerma.   Me entretuve.

Juan.   No comprendo en qué te has entretenido.

Yerma.   Oí cantar los pájaros.

Juan.   Está bien. Así darás que hablar a las gentes.

Yerma.   *(Fuerte.)* Juan, ¿qué piensas?

Juan.   No lo digo por ti, lo digo por las gentes.

Yerma.   ¡Puñalada que le den a las gentes!

Juan.   No maldigas. Está feo en una mujer.

Yerma.   Ojalá fuera yo una mujer.

Juan.   Vamos a dejarnos de conversación. Vete a la casa.

(Pausa.)

YERMA.   Está bien. ¿Te espero?

JUAN.   No. Estaré toda la noche regando. Viene poca agua, es mía hasta la salida del sol y tengo que defenderla contra los ladrones. Te acuestas y te duermes.

YERMA.   *(Dramática.)* ¡Me dormiré! *(Sale.)*

Telón

ACTO SEGUNDO

CUADRO PRIMERO

Canto a telón corrido. Torrente donde lavan las mujeres del pueblo. Las Lavanderas están situadas en varios planos. Cantan:

> En el arroyo frío
> lavo tu cinta,
> como un jazmín caliente
> tienes la risa.

LAVANDERA 1.ª.   A mí no me gusta hablar.

LAVANDERA 3.ª.   Pero aquí se habla.

LAVANDERA 4.ª.   Y no hay mal en ello.

LAVANDERA 5.ª.   La que quiera honra, que la gane.

LAVANDERA 4.ª.

> Yo planté un tomillo, yo lo vi crecer.
> El que quiera honra, que se porte bien.

(Ríen.)

LAVANDERA 5.ª.   Así se habla.

LAVANDERA 1.ª.   Pero es que nunca se sabe nada.

LAVANDERA 4.ª.   Lo cierto es que el marido se ha llevado a vivir con ellos a sus dos hermanas.

LAVANDERA 5.ª.   ¿Las solteras?

LAVANDERA 4.ª.   Sí. Estaban encargadas de cuidar la iglesia y ahora cuidan de su cuñada. Yo no podría vivir con ellas.

LAVANDERA 1.ª.   ¿Por qué?

LAVANDERA 4.ª. Porque dan miedo. Son como esas hojas grandes que nacen de pronto sobre los sepulcros. Están untadas con cera. Son metidas hacia adentro. Se me figura que guisan su comida con el aceite de las lámparas.

LAVANDERA 3.ª. ¿Y están ya en la casa?

LAVANDERA 4.ª. Desde ayer. El marido sale otra vez a sus tierras.

LAVANDERA 1.ª. Pero ¿se puede saber lo que ha ocurrido?

LAVANDERA 5.ª. Anteanoche, ella la pasó sentada en el tranco, a pesar del frío.

LAVANDERA 1.ª. Pero ¿por qué?

LAVANDERA 4.ª. Le cuesta trabajo estar en su 'casa.

LAVANDERA 5.ª. Estas machorras son así: cuando podían estar haciendo encajes o confituras de manzanas, les gusta subirse al tejado y andar descalzas por esos ríos.

LAVANDERA 1.ª. ¿Quién eres tú para decir estas cosas? Ella no tiene hijos, pero no es por culpa suya.

LAVANDERA 4.ª. Tiene hijos la que quiere tenerlos. Es que las regalonas, las flojas, las endulzadas, no son a propósito para llevar el vientre arrugado.

(Ríen.)

LAVANDERA 3.ª. Y se echan polvos de blancura y colorete y se prenden ramos de adelfa en busca de otro que no es su marido.

LAVANDERA 5.ª. ¡No hay otra verdad!

LAVANDERA 1.ª. Pero ¿vosotras la habéis visto con otro?

LAVANDERA 4.ª. Nosotras no, pero las gentes sí.

LAVANDERA 1.ª. ¡Siempre las gentes!

LAVANDERA 5.ª. Dicen que en dos ocasiones.

LAVANDERA 2.ª. ¿Y qué hacían?

Lavandera 4.ª.   Hablaban.

Lavandera 1.ª.   Hablar no es pecado.

Lavandera 4.ª.   Hay una cosa en el mundo que es la mirada. Mi madre lo decía. No es lo mismo una mujer
mirando unas rosas que una mujer mirando los muslos
de un hombre. Ella lo mira.

Lavandera 1.ª.   Pero ¿a quién?

Lavandera 4.ª.   A uno, ¿lo oyes? Entérate tú, ¿quieres
que lo diga más alto? (Risas.) Y cuando no lo mira,
porque está sola, porque no lo tiene delante, lo lleva
retratado en los ojos.

Lavandera 1.ª.   ¡Eso es mentira!

    (Algazara.)

Lavandera 5.ª.   ¿Y el marido?

Lavandera 3.ª.   El marido está como sordo. Parado, como
un lagarto puesto al sol.

    (Ríen.)

Lavandera 1.ª.   Todo esto se arreglaría si tuvieran criaturas.

Lavandera 2.ª.   Todo esto son cuestiones de gente que no
tiene conformidad con su sino.

Lavandera 4.ª.   Cada hora que transcurre aumenta el infierno en aquella casa. Ella y sus cuñadas, sin despegar
los labios, blanquean todo el día las paredes, friegan los
cobres, limpian con vaho los cristales, dan aceite a la
solería, pues cuando más relumbra la vivienda, más
arde por dentro.

Lavandera 1.ª.   La culpa la tiene él; cuando un padre no
da hijos, debe cuidar de su mujer.

Lavandera 4.ª.   La culpa es de ella, que tiene por lengua
un pedernal.

Lavandera 1.ª.   ¿Qué demonios se te ha metido entre los
cabellos para que hables así?

LAVANDERA 4.ª.   ¿Y quién ha dado licencia a tu boca para que me des consejos?

LAVANDERA 2.ª.   ¡Callar!

LAVANDERA 1.ª.   Con una aguja de hacer calceta ensartaría yo las lenguas murmuradoras.

LAVANDERA 2.ª.   ¡Calla!

LAVANDERA 4.ª.   Y yo la tapa del pecho de las fingidas.

LAVANDERA 2.ª.   Silencio. ¿No ves que por ahí vienen las cuñadas?

> *(Murmullos. Entran las dos* CUÑADAS *de* YERMA. *Van vestidas de luto. Se ponen a lavar en medio de un silencio. Se oyen esquilas.)*

LAVANDERA 1.ª.   ¿Se van ya los zagales?

LAVANDERA 3.ª.   Sí, ahora salen todos los rebaños.

LAVANDERA 4.ª.   *(Aspirando.)* Me gusta el olor de las ovejas.

LAVANDERA 3.ª.   ¿Sí?

LAVANDERA 4.ª.   ¿Y por qué no? Olor de lo que una tiene. Cómo me gusta el olor del fango rojo que trae el río por el invierno.

LAVANDERA 3.ª.   Caprichos.

LAVANDERA 5.ª.   *(Mirando.)* Van juntos todos los rebaños.

LAVANDERA 4.ª.   Es una inundación de lana. Arramblan con todo. Si los trigos verdes tuvieran cabeza, temblarían de verlos venir.

LAVANDERA 3.ª.   ¡Mira cómo corren! ¡Qué manada de enemigos!

LAVANDERA 1.ª.   Ya salieron todos, no falta uno.

LAVANDERA 4.ª.   A ver... No... Sí, sí, falta uno.

LAVANDERA 5.ª.   ¿Cuál?...

LAVANDERA 4.ª.   El de Víctor.

(Las dos CUÑADAS *se yerguen y miran.)*

En el arroyo frío
lavo tu cinta.
Como un jazmín caliente
tienes la risa.
Quiero vivir
en la nevada chica
de ese jazmín.

LAVANDERA 1.ª.
¡Ay de la casada seca!
¡Ay de la que tiene los pechos de arena!

LAVANDERA 5.ª.
Dime si tu marido
guarda semilla
para que el agua cante
por tu camisa.

LAVANDERA 4.ª.
Es tu camisa
nave de plata y viento
por las orillas.

LAVANDERA 1.ª.
Las ropas de mi niño
vengo a lavar
para que tome al agua
lecciones de cristal.

LAVANDERA 2.ª.
Por el monte ya llega
mi marido a comer.
Él me trae una rosa.
y yo le doy tres.

LAVANDERA 5.ª.
Por el llano ya vino
mi marido a cenar.
Las brisas que me entrega
cubro con arrayán.

LAVANDERA 4.ª.
Por el aire ya viene
mi marido a dormir.
Yo alhelíes rojos
y él rojo alhelí.

LAVANDERA 1.ª.
Hay que juntar flor con flor
cuando el verano seca la sangre del segador.

LAVANDERA 4.ª.
Y abrir el vientre a pájaros sin sueño
cuando a la puerta llama temblando el invierno.

LAVANDERA 1.ª.
Hay que gemir en la sábana.

LAVANDERA 4.ª.
¡Y hay que cantar!

LAVANDERA 5.ª.
Cuando el hombre nos trae
la corona y el pan.

LAVANDERA 4.ª.
Porque los brazos se enlazan.

LAVANDERA 2.ª.
Porque la luz se nos quiebra en la garganta.

LAVANDERA 4.ª.
Porque se endulza el tallo de las ramas.

LAVANDERA 1.ª.
Y las riendas del viento cubren las montañas.

LAVANDERA 6.ª. *(Apareciendo en lo alto del torrente.)*
Para que un niño funda
yertos vidrios del alba.

LAVANDERA 1.ª.
Y nuestro cuerpo tiene
ramas furiosas de coral.

LAVANDERA 6.ª.
Para que haya remeros
en las aguas del mar.

30

LAVANDERA 1.ª.
Un niño pequeño, un niño.

LAVANDERA 2.ª.
Y las palomas abren las alas y el pico.

LAVANDERA 3.ª.
Un niño que gime, un hijo.

LAVANDERA 4.ª.
Y los hombres avanzan
como ciervos heridos.

LAVANDERA 5.ª.
¡Alegría, alegría, alegría,
del vientre redondo bajo la camisa!

LAVANDERA 2.ª.
¡Alegría, alegría, alegría,
ombligo, cáliz tierno de maravilla!

LAVANDERA 1.ª.
Pero ¡ay de la casada seca!
¡Ay de la que tiene los pechos de arena!

LAVANDERA 3.ª.
¡Que relumbre!

LAVANDERA 2.ª.
¡Que corra!

LAVANDERA 5.ª.
¡Que vuelva a relumbrar!

LAVANDERA 1.ª.
¡Que cante!

LAVANDERA 2.ª.
¡Que se esconda!

LAVANDERA 1.ª.
Y que vuelva a cantar.

LAVANDERA 6.ª.
La aurora que mi niño
lleva en el delantal.

LAVANDERA 2.ª.   (Cantan todas a coro.)
  En el arroyo frío
  lavo tu cinta.
  Como un jazmín caliente
  tienes la risa.
  ¡Ja, ja, ja!

  (Mueven los paños con ritmo y los golpean.)

Telón

CUADRO SEGUNDO

Casa de YERMA. Atardece. JUAN está sentado. Las dos CU-
ÑADAS, de pie.

JUAN.   ¿Dices que salió hace poco? (*La* HERMANA *mayor
  contesta con la cabeza.*) Debe de estar en la fuente.
  Pero ya sabéis que no me gusta que salga sola. (*Pausa.*)
  Puedes poner la mesa. (*Sale la* HERMANA *menor.*) Bien
  ganado tengo el pan que como. (*A su* HERMANA.) Ayer
  pasé un día duro. Estuve podando los manzanos y a
  la caída de la tarde me puse a pensar para qué pondría
  yo tanta ilusión en la faena si no puedo llevarme una
  manzana a la boca. Estoy harto. (*Se pasa la mano por
  la cara. Pausa.*) Ésa no viene... Una de vosotras debía
  salir con ella, porque para eso estáis aquí comiendo en
  mi mantel y bebiendo mi vino. Mi vida está en el campo, pero mi honra está aquí. Y mi honra es también la
  vuestra. (*La* HERMANA *inclina la cabeza.*) No lo tomes
  a mal. (*Entra* YERMA *con dos cántaros. Queda parada
  en la puerta.*) ¿Vienes de la fuente?

YERMA.   Para tener agua fresca en la comida. (*Sale la otra*
  HERMANA.) ¿Cómo están las tierras?

JUAN.   Ayer estuve podando los árboles.

    (YERMA *deja los cántaros. Pausa.*)

YERMA.   ¿Te quedarás?

JUAN.   He de cuidar el ganado. Tú sabes que esto es cosa
  del dueño.

32

YERMA.   Lo sé muy bien. No lo repitas.

JUAN.   Cada hombre tiene su vida.

YERMA.   Y cada mujer la suya. No te pido yo que te quedes. Aquí tengo todo lo que necesito. Tus hermanas me guardan bien. Pan tierno y requesón y cordero asado como yo aquí, y pasto lleno de rocío tus ganados en el monte. Creo que puedes vivir en paz.

JUAN.   Para vivir en paz se necesita estar tranquilo.

YERMA.   ¿Y tú no estás?

JUAN.   No estoy.

YERMA.   Desvía la intención.

JUAN.   ¿Es que no conoces mi modo de ser? Las ovejas en el redil y las mujeres en su casa. Tú sales demasiado. ¿No me has oído decir esto siempre?

YERMA.   Justo. Las mujeres dentro de sus casas. Cuando las casas no son tumbas. Cuando las sillas se rompen y las sábanas de hilo se gastan con el uso. Pero aquí, no. Cada noche, cuando me acuesto, encuentro mi cama más nueva, más reluciente, como si estuviera recién traída de la ciudad.

JUAN.   Tú misma reconoces que tengo razón al quejarme. ¡Que tengo motivos para estar alerta!

YERMA.   Alerta, ¿de qué? En nada te ofendo. Vivo sumisa a ti, y lo que sufro lo guardo pegado a mis carnes. Y cada día que pase será peor. Vamos a callarnos. Yo sabré llevar mi cruz como mejor pueda, pero no me preguntes nada. Si pudiera de pronto volverme vieja y tuviera la boca como una flor machacada, te podría sonreír y conllevar la vida contigo. Ahora, ahora déjame con mis clavos.

JUAN.   Hablas de una manera que yo no te entiendo. No te privo de nada. Mando a los pueblos vecinos por las cosas que te gustan. Yo tengo mis defectos, pero quiero tener paz y sosiego contigo. Quiero dormir fuera y pensar que tú duermes también.

YERMA.   Pero yo no duermo, yo no puedo dormir.

JUAN.   ¿Es que te falta algo? Dime. ¡Contesta!

YERMA.   *(Con intención y mirando fijamente al marido.)* Sí, me falta.

(Pausa.)

JUAN.   Siempre lo mismo. Hace ya más de cinco años. Yo casi lo estoy olvidando.

YERMA.   Pero yo no soy tú. Los hombres tienen otra vida: los ganados, los árboles, las conversaciones, y las mujeres no tenemos más que esta de la cría y el cuido de la cría.

JUAN.   Todo el mundo no es igual. ¿Por qué no te traes un hijo de tu hermano? Yo no me opongo.

YERMA.   No quiero cuidar hijos de otros. Me figuro que se me van a helar los brazos de tenerlos.

JUAN.   Con ese achaque vives alocada, sin pensar en lo que debías, y te empeñas en meter la cabeza por una roca.

YERMA.   Roca que es una infamia que sea roca, porque debía ser un canasto de flores y agua dulce.

JUAN.   Estando a tu lado no se siente más que inquietud, desasosiego. En último caso debes resignarte.

YERMA.   Yo he venido a estas cuatro paredes para no resignarme. Cuando tenga la cabeza atada con un pañuelo para que no se me abra la boca, y las manos bien amarradas dentro del ataúd, en esa hora me habré resignado.

JUAN.   Entonces, ¿qué quieres hacer?

YERMA.   Quiero beber agua y no hay vaso ni agua, quiero subir al monte y no tengo pies, quiero bordar mis enaguas y no encuentro los hilos.

JUAN.   Lo que pasa es que no eres una mujer verdadera y buscas la ruina de un hombre sin voluntad.

34

YERMA. Yo no sé quién soy. Déjame andar y desahogarme. En nada te he faltado.

JUAN. No me gusta que la gente me señale. Por eso quiero ver cerrada esa puerta y cada persona en su casa.

(Sale la HERMANA 1.ª *lentamente y se acerca a una alacena.)*

YERMA. Hablar con la gente no es pecado.

JUAN. Pero puede parecerlo.

(Sale la otra HERMANA *y se dirige a los cántaros, en los cuales llena una jarra.)*

JUAN. *(Bajando la voz.)* Yo no tengo fuerzas para estas cosas. Cuando te den conversación cierra la boca y piensa que eres una mujer casada.

YERMA. *(Con asombro.)* ¡Casada!

JUAN. Y que las familias tienen honra y la honra es una carga que se lleva entre todos. *(Sale la* HERMANA *con la jarra, lentamente.)* Pero que está oscura y débil en los mismos caños de la sangre. *(Sale la otra* HERMANA *con una fuente de modo casi procesional. Pausa.)* Perdóname. *(*YERMA *mira a su marido, éste levanta la cabeza y se tropieza con la mirada.)* Aunque me miras de un modo que no debía decirte «Perdóname», sino obligarte, encerrarte, porque para eso soy el marido.

(Aparecen las dos HERMANAS *en la puerta.)*

YERMA. Te ruego que no hables. Deja quieta la cuestión.

(Pausa.)

JUAN. Vamos a comer. *(Entran las* HERMANAS.*) ¿Me has oído?*

YERMA. *(Dulce.)* Come tú con tus hermanas. Yo no tengo hambre todavía.

JUAN. Lo que quieras. *(Entra.)*

YERMA. *(Como soñando.)*

¡Ay, qué prado de pena!
¡Ay, qué puerta cerrada a la hermosura!,
que pido un hijo que sufrir, y el aire
me ofrece dalias de dormida luna.
Estos dos manantiales que yo tengo
de leche tibia son en la espesura
de mi carne dos pulsos de caballo
que hacen latir la rama de mi angustia.
¡Ay, pechos ciegos bajo mi vestido!
¡Ay, palomas sin ojos ni blancura!
¡Ay, qué dolor de sangre prisionera
me está clavando avispas en la nuca!
Pero tú has de venir, amor, mi niño,
porque el agua da sal, la tierra fruta,
y nuestro vientre guarda tiernos hijos,
como la nube lleva dulce lluvia.

(Mira hacia la puerta.)

¡María! ¿Por qué pasas tan de prisa por mi puerta?

MARÍA. *(Entra con un niño en brazos.)* Cuando voy con
el niño lo hago…, ¡como siempre lloras!…

YERMA. Tienes razón. *(Coge al niño y se sienta.)*

MARÍA. Me da tristeza que tengas envidia.

YERMA. No es envidia lo que tengo; es pobreza.

MARÍA. No te quejes.

YERMA. ¡Cómo no me voy a quejar cuando te veo a ti y
a otras mujeres llenas por dentro de flores, y viéndome
yo inútil en medio de tanta hermosura!

MARÍA. Pero tienes otras cosas. Si me oyeras podrías ser
feliz.

YERMA. La mujer del campo que no da hijos es inútil
como un manojo de espinos, y hasta mala, a pesar de
que yo sea de este desecho dejado de la mano de Dios.
(MARÍA hace un gesto como para tomar al niño.) Tóma-
lo, contigo está más a gusto. Yo no debo tener manos
de madre.

36

MARÍA. ¿Por qué me dices eso?

YERMA. *(Se levanta.)* Porque estoy harta. Porque estoy harta de tenerlas y no poderlas usar en cosa propia. Que estoy ofendida, ofendida y rebajada hasta lo último, viendo que los trigos apuntan, que las fuentes no cesan de dar agua y que paren las ovejas cientos de corderos, y las perras, y que parece que todo el campo puesto de pie me enseña sus crías tiernas, adormiladas, mientras yo siento dos golpes de martillo aquí en lugar de la boca de mi niño.

MARÍA. No me gusta lo que dices.

YERMA. Las mujeres cuando tenéis hijos no podéis pensar en las que no los tenemos. Os quedáis frescas, ignorantes, como el que nada en agua dulce y no tiene idea de la sed.

MARÍA. No te quiero decir lo que te digo siempre.

YERMA. Cada vez tengo más deseos y menos esperanzas

MARÍA. Mala cosa.

YERMA. Acabaré creyendo que yo misma soy mi hijo. Muchas noches bajo yo a echar la comida a los bueyes, que antes no lo hacía, porque ninguna mujer lo hace, y cuando paso por lo oscuro del cobertizo mis pasos me suenan a pasos de hombre.

MARÍA. Cada criatura tiene su razón.

YERMA. A pesar de todo, sigue queriéndome. ¡Ya ves cómo vivo!

MARÍA. ¿Y tus cuñadas?

YERMA. Muerta me vea y sin mortaja si alguna vez las dirijo la conversación.

MARÍA. ¿Y tu marido?

YERMA. Son tres contra mí.

MARÍA. ¿Qué piensan?

Yerma.   Figuraciones. De gente que no tiene la conciencia
tranquila. Creen que me puede gustar otro hombre y
no saben que, aunque me gustara, lo primero de mi
casta es la honradez. Son piedras delante de mí. Pero
ellos no saben que yo, si quiero, puedo ser agua de arroyo que las lleve.

(Una Hermana *entra y sale llevando un pan.)*

María.   De todas maneras, creo que tu marido te sigue
queriendo.

Yerma.   Mi marido me da pan y casa.

María.   ¡Qué trabajos estás pasando, qué trabajos! Pero
acuérdate de las llagas de Nuestro Señor. *(Están en la
puerta.)*

Yerma.   *(Mirando al niño.)* Ya ha despertado.

María.   Dentro de poco empezará a cantar.

Yerma.   Los mismos ojos que tú, ¿lo sabías? ¿Los has visto? *(Llorando.)* ¡Tiene los mismos ojos que tú! *(*Yerma
empuja suavemente a María *y ésta sale silenciosa.* Yerma *se dirige a la puerta por donde entró su marido.)*

Muchacha 2.ª   Chiss.

Yerma.   *(Volviéndose.)* ¿Qué?

Muchacha 2.ª   Esperé a que saliera. Mi madre te está
aguardando.

Yerma.   ¿Está sola?

Muchacha 2.ª   Con dos vecinas.

Yerma.   Dile que esperen un poco.

Muchacha 2.ª   Pero ¿vas a ir? ¿No te da miedo?

Yerma.   Voy a ir.

Muchacha 2.ª   ¡Allá tú!

Yerma.   ¡Que me esperen aunque sea tarde!

38

(Entra VÍCTOR.*)*

VÍCTOR. ¿Está Juan?

YERMA. Sí.

MUCHACHA 2.ª. *(Cómplice.)* Entonces, luego, yo traeré la blusa.

YERMA. Cuando quieras. *(Sale la* MUCHACHA.*)* Siéntate.

VÍCTOR. Estoy bien así.

YERMA. *(Llamando.)* ¡Juan!

VÍCTOR. Vengo a despedirme. *(Se estremece ligeramente, pero vuelve a su serenidad.)*

YERMA. ¿Te vas con tus hermanos?

VÍCTOR. Así lo quiere mi padre.

YERMA. Ya debe ser viejo.

VÍCTOR. Sí. Muy viejo.

   (Pausa.)

YERMA. Haces bien de cambiar de campos.

VÍCTOR. Todos los campos son iguales.

YERMA. No. Yo me iría muy lejos.

VÍCTOR. Es todo lo mismo. Las mismas ovejas tienen la misma lana.

YERMA. Para los hombres, sí; pero las mujeres somos otra cosa. Nunca oí decir a un hombre comiendo: qué buenas son estas manzanas. Vais a lo vuestro sin reparar en las delicadezas. De mí sé decir: que he aborrecido el agua de estos pozos.

VÍCTOR. Puede ser.

   (La escena está en una suave penumbra.)

YERMA. Víctor.

39

Víctor. Dime.

Yerma. ¿Por qué te vas? Aquí las gentes te quieren.

Víctor. Yo me porté bien.

(Pausa.)

Yerma. Te portaste bien. Siendo zagalón me llevaste una vez en brazos, ¿no recuerdas? Nunca se sabe lo que va a pasar.

Víctor. Todo cambia.

Yerma. Algunas cosas no cambian. Hay cosas encerradas detrás de los muros que no pueden cambiar porque nadie las oye.

Víctor. Así es.

(Aparece la Hermana 2.ª *y se dirige lentamente hacia la puerta, donde queda fija, iluminada por la última luz de la tarde.)*

Yerma. Pero que si salieran de pronto y gritaran, llenarían el mundo.

Víctor. No se adelantaría nada. La acequia por su sitio, el rebaño en el redil, la luna en el cielo y el hombre con su arado.

Yerma. ¡Qué pena más grande no poder sentir las enseñanzas de los viejos!

(Se oye el sonido largo y melancólico de las caracolas de los pastores.)

Víctor. Los rebaños.

Juan. *(Sale.)* ¿Vas ya de camino?

Víctor. Y quiero pasar el puerto antes del amanecer.

Juan. ¿Llevas alguna queja de mí?

Víctor. No. Fuiste buen pagador.

Juan. *(A* Yerma.*)* Le compré los rebaños.

YERMA. ¿Sí?

VÍCTOR. *(A YERMA.)* Tuyos son.

YERMA. No lo sabía.

JUAN. *(Satisfecho.)* Así es.

VÍCTOR. Tu marido ha de ver su hacienda colmada.

YERMA. El fruto viene a las manos del trabajador que lo busca.

> *(La HERMANA que está en la puerta entra dentro.)*

JUAN. Ya no tenemos sitio donde meter tantas ovejas.

YERMA. *(Sombría.)* La tierra es grande.

> *(Pausa.)*

JUAN. Iremos juntos hasta el arroyo.

VÍCTOR. Deseo la mayor felicidad para esta casa. *(Le da la mano a YERMA.)*

YERMA. ¡Dios te oiga! ¡Salud!

> *(VÍCTOR le da salida y, a un movimiento imperceptible de YERMA, se vuelve.)*

VÍCTOR. ¿Decías algo?

YERMA. *(Dramática.)* Salud, dije.

VÍCTOR. Gracias.

> *(Salen. YERMA queda angustiada mirándose la mano que ha dado a VÍCTOR. YERMA se dirige rápidamente hacia la izquierda y toma un mantón.)*

MUCHACHA 2.ª. Vamos. *(En silencio, tapándole la cabeza.)*

YERMA. Vamos. *(Salen sigilosamente.)*

> *(La escena está casi a oscuras. Sale la HERMANA 1.ª con un velón, que no debe dar al teatro luz ninguna, sino la natural que lleva. Se dirige al fin de la es-*

cena, buscando a YERMA. *Suenan las caracolas de los rebaños.)*

CUÑADA 1.ª   *(En voz baja.)* ¡Yerma!

(Sale la HERMANA 2.ª. *Se miran las dos y se dirigen hacia la puerta.)*

CUÑADA 2.ª   *(Más alto.)* ¡Yerma!

CUÑADA 1.ª   *(Dirigiéndose a la puerta y con una imperiosa voz.)* ¡Yerma!

(Se oyen las caracolas y los cuernos de los pastores. La escena está oscurísima.)

Telón

ACTO TERCERO

CUADRO PRIMERO

Casa de la DOLORES, la conjuradora. Está amaneciendo.
Entra YERMA con DOLORES y dos VIEJAS.

DOLORES.   Has estado valiente.

VIEJA 1.ª   No hay en el mundo fuerza como la del deseo.

VIEJA 2.ª   Pero el cementerio estaba demasiado oscuro.

DOLORES.   Muchas veces yo he hecho estas oraciones en
el cementerio con mujeres que ansiaban críos, y todas
han pasado miedo. Todas menos tú.

YERMA.   Yo he venido por el resultado. Creo que no eres
mujer engañadora.

DOLORES.   No soy. Que mi lengua se llene de hormigas,
como está la boca de los muertos, si alguna vez he men-
tido. La última vez hice la oración con una mujer
mendicante que estaba seca más tiempo que tú, y se le
endulzó el vientre de manera tan hermosa que tuvo dos
criaturas ahí abajo en el río, porque no le daba tiempo
de llegar a las casas, y ella misma las trajo en un pañal
para que yo las arreglase.

YERMA.   ¿Y pudo venir andando desde el río?

DOLORES.   Vino. Con los zapatos y las enaguas empapa-
das en sangre..., pero con la cara reluciente.

YERMA.   ¿Y no le pasó nada?

DOLORES.   ¿Qué le iba a pasar? Dios es Dios.

YERMA.   Naturalmente, Dios es Dios. No le podía pasar
nada. Sino agarrar las criaturas y lavarlas con agua viva.
Los animales los lamen, ¿verdad? A mí no me da asco

de mi hijo. Yo tengo la idea de que las recién paridas están como iluminadas por dentro y los niños se duermen horas y horas sobre ellas, oyendo ese arroyo de leche tibia que les va llenando los pechos para que ellos mamen, para que ellos jueguen hasta que no quieran más, hasta que retiren la cabeza: «Otro poquito más, niño...», y se les llene la cara y el pecho de gotas blancas.

DOLORES. Ahora tendrás un hijo. Te lo puedo asegurar.

YERMA. Lo tendré porque lo tengo que tener. O no entiendo el mundo. A veces, cuando ya estoy segura de que jamás, jamás..., me sube como una oleada de fuego por los pies y se me quedan vacías todas las cosas, y los hombres que andan por la calle y los toros y las piedras me parecen como cosas de algodón. Y me pregunto: «¿Para qué estarán ahí puestos?»

VIEJA 1.ª. Está bien que una casada quiera hijos, pero si no los tiene, ¿por qué esa ansia de ellos? Lo importante de este mundo es dejarse llevar por los años. No te critico. Ya has visto cómo he ayudado a los rezos. Pero ¿qué vega esperas dar a tu hijo ni qué felicidad ni qué silla de plata?

YERMA. Yo no pienso en el mañana, pienso en el hoy. Tú estás vieja y lo ves ya todo como un libro leído. Yo pienso que tengo sed y no tengo libertad. Yo quiero tener a mi hijo en los brazos para dormir tranquila, y óyelo bien y no te espantes de lo que digo: aunque ya supiera que mi hijo me iba a martirizar después y me iba a odiar y me iba a llevar de los cabellos por las calles, recibiría con gozo su nacimiento, porque es mucho mejor llorar por un hombre vivo que nos apuñala que llorar por este fantasma sentado año tras año encima de mi corazón.

VIEJA 1.ª. Eres demasiado joven para oír consejo. Pero mientras esperas la gracia de Dios debes ampararte en el amor de tu marido.

YERMA. ¡Ay! Has puesto el dedo en la llaga más honda que tienen mis carnes.

DOLORES.   Tu marido es bueno.

YERMA.   *(Se levanta.)* ¡Es bueno! ¡Es bueno! ¿Y qué? Ojalá fuera malo. Pero no. Él va con sus ovejas por sus caminos y cuenta el dinero por las noches. Cuando me cubre cumple con su deber, pero yo le noto la cintura fría, como si tuviera el cuerpo muerto, y yo, que siempre he tenido asco de las mujeres calientes, quisiera ser en aquel instante como una montaña de fuego.

DOLORES.   ¡Yerma!

YERMA.   No soy una casada indecente; pero yo sé que los hijos nacen del hombre y de la mujer. ¡Ay, si los pudiera tener yo sola!

DOLORES.   Piensa que tu marido también sufre.

YERMA.   No sufre. Lo que pasa es que él no ansía hijos.

VIEJA 1.ª   ¡No digas eso!

YERMA.   Se lo conozco en la mirada, y como no los ansía, no me los da. No lo quiero, no lo quiero y, sin embargo, es mi única salvación. Por honra y por casta. Mi única salvación.

VIEJA 1.ª   *(Con miedo.)* Pronto empezará a amanecer. Debes irte a tu casa.

DOLORES.   Antes de nada saldrán los rebaños y no conviene que te vean sola.

YERMA.   Necesitaba este desahogo. ¿Cuántas veces repito las oraciones?

DOLORES.   La oración del laurel dos veces, y al mediodía la oración de Santa Ana. Cuando te sientas encinta me traes la fanega de trigo que me has prometido.

VIEJA 1.ª   Por encima de los montes ya empieza a clarear. Vete.

DOLORES.   Como en seguida empezarán a abrir los portones, te vas dando un rodeo por la acequia.

YERMA.   *(Con desaliento.)* ¡No sé por qué he venido!

DOLORES.   ¿Te arrepientes?

YERMA.   ¡No!

DOLORES.   *(Turbada.)* Si tienes miedo te acompañaré hasta la esquina.

VIEJA 1.ª.   *(Con inquietud.)* Van a ser las claras del día cuando llegues a tu puerta.

(Se oyen voces.)

DOLORES.   ¡Calla! *(Escuchan.)*

VIEJA 1.ª.   No es nadie. Anda con Dios.

(YERMA se dirige a la puerta, y en este momento llaman a ella. Las tres mujeres quedan paradas.)

DOLORES.   ¿Quién es?

VOZ.   Soy yo.

YERMA.   Abre. *(DOLORES duda.)* ¿Abres o no?

(Se oyen murmullos. Aparece JUAN con las dos CUÑADAS.)

CUÑADA 2.ª.   Aquí está.

YERMA.   Aquí estoy.

JUAN.   ¿Qué haces en este sitio? Si pudiera dar voces levantaría a todo el pueblo para que viera dónde iba la honra de mi casa; pero he de ahogarlo todo y callarme, porque eres mi mujer.

YERMA.   Si pudiera dar voces también las daría yo para que se levantaran hasta los muertos y vieran esta limpieza que me cubre.

JUAN.   ¡No, eso no! Todo lo aguanto menos eso. Me engañas, me envuelves y como soy un hombre que trabaja la tierra, no tengo ideas para tus astucias.

DOLORES.   ¡Juan!

JUAN.   ¡Vosotras ni palabra!

46

DOLORES. *(Fuerte.)* Tu mujer no ha hecho nada malo.

JUAN. Lo está haciendo desde el mismo día de la boda. Mirándome con dos agujas, pasando las noches en vela con los ojos abiertos al lado mío y llenando de malos suspiros mis almohadas.

YERMA. ¡Cállate!

JUAN. Y yo no puedo más. Porque se necesita ser de bronce para ver a tu lado una mujer que te quiere meter los dedos dentro del corazón y que sale de noche fuera de su casa, ¿en busca de qué? ¡Dime!, ¿buscando qué? Las calles están llenas de machos. En las calles no hay flores que cortar.

YERMA. No te dejo hablar ni una sola palabra. Ni una más. Te figuras tú y tu gente que sois vosotros los únicos que guardáis honra, y no sabes que mi casta no ha tenido nunca nada que ocultar. Anda. Acércate a mí y huele mis vestidos; ¡acércate! A ver dónde encuentras un olor que no sea tuyo, que no sea de tu cuerpo. Me pones desnuda en mitad de la plaza y me escupes. Haz conmigo lo que quieras, que soy tu mujer, pero guárdate de poner nombre de varón sobre mis pechos.

JUAN. No soy yo quien lo pone, lo pones tú con tu conducta, y el pueblo lo empieza a decir. Lo empieza a decir claramente. Cuando llego a un corro, todos callan; cuando voy a pesar la harina, todos callan, y hasta de noche, en el campo, cuando despierto, me parece que también se callan las ramas de los árboles.

YERMA. Yo no sé por qué empiezan los malos aires que revuelcan al trigo, ¡y mira tú si el trigo es bueno!

JUAN. Ni yo sé lo que busca una mujer a todas horas fuera de su tejado.

YERMA. *(En un arranque y abrazándose a su marido.)* Te busco a ti. Te busco a ti, es a ti a quien busco día y noche, sin encontrar sombra donde respirar. Es tu sangre y tu amparo lo que deseo.

JUAN. Apártate.

YERMA. No me apartes y quiere conmigo.

JUAN. ¡Quita!

YERMA. Mira que me quedo sola. Como si la luna se buscara ella misma por el cielo. ¡Mírame! (Lo mira.)

JUAN. (La mira y la aparta bruscamente.) ¡Déjame ya de una vez!

DOLORES. ¡Juan!

(YERMA cae al suelo.)

YERMA. (Alto.) Cuando salía por mis claveles me tropecé con el muro. ¡Ay! ¡Ay! Es en ese muro donde tengo que estrellar mi cabeza.

JUAN. Calla. Vamos.

DOLORES. ¡Dios mío!

YERMA. (A gritos.) ¡Maldito sea mi padre, que me dejó su sangre de padre de cien hijos! ¡Maldita sea mi sangre, que los busca golpeando por las paredes!

JUAN. ¡Calla he dicho!

DOLORES. ¡Viene gente! Habla bajo.

YERMA. No me importa. Dejarme libre siquiera la voz, ahora que voy encontrando en lo más oscuro del pozo. (Se levanta.) Dejar que de mi cuerpo salga siquiera esta cosa hermosa y que llene el aire.

(Se oyen voces.)

DOLORES. Van a pasar por aquí.

JUAN. Silencio.

YERMA. ¡Eso! ¡Eso! Silencio. Descuida.

JUAN. Vamos. ¡Pronto!

YERMA. ¡Ya está! ¡Ya está! ¡Y es inútil que me retuerza las manos! Una cosa es querer con la cabeza...

JUAN. Calla.

48

YERMA. *(Bajo.)* Una cosa es querer con la cabeza y otra cosa es que el cuerpo, ¡maldito sea el cuerpo!, no nos responda. Está escrito y no me voy a poner a luchar a brazo partido con los mares. ¡Ya está! ¡Que mi boca se quede muda! *(Sale.)*

Telón

CUADRO SEGUNDO

Alrededor de una ermita, en plena montaña. En primer término unas ruedas de carro y unas mantas formando una tienda rústica, donde está YERMA. Entran las MUJERES con ofrendas a la ermita. Vienen descalzas. En escena está la VIEJA alegre del primer acto. Canto a telón corrido.

> No te pude ver
> cuando eras soltera,
> mas de casada
> te encontraré.
> Te desnudaré,
> casada y romera,
> cuando en lo oscuro
> las doce den.

VIEJA. *(Con sorna.)* ¿Habéis bebido ya el agua santa?

MUJER 1.ª. Sí.

VIEJA. Y ahora, a ver a ése.

MUJER 1.ª. Creemos en él.

VIEJA. Venís a pedir hijos al santo y resulta que cada año vienen más hombres solos a esta romería. ¿Qué es lo que pasa? *(Ríe.)*

MUJER 1.ª. ¿A qué vienes aquí si no crees?

VIEJA. A ver. Yo me vuelvo loca por ver. Y a cuidar de mi hijo. El año pasado se mataron dos por una casada seca y quiero vigilar. Y, en último caso, vengo porque me da la gana.

49

MUJER 1.ª. ¡Que Dios te perdone! *(Entran.)*

VIEJA. *(Con sarcasmo.)* Que te perdone a ti. *(Se va.)*

(Entra MARÍA con la MUCHACHA 1.ª.)

MUCHACHA 1.ª. ¿Y ha venido?

MARÍA. Ahí tienes el carro. Me costó mucho que viniera. Ella ha estado un mes sin levantarse de la silla. Le tengo miedo. Tiene una idea que no sé cuál es, pero desde luego es una idea mala.

MUCHACHA 1.ª. Yo llegué con mi hermana. Lleva ocho años viniendo sin resultado.

MARÍA. Tiene hijos la que los tiene que tener.

MUCHACHA 2.ª. Es lo que yo digo.

(Se oyen voces.)

MARÍA. Nunca me gustó esta romería. Vamos a las eras, que es donde está la gente.

MUCHACHA 1.ª. El año pasado, cuando se hizo oscuro, unos mozos atenazaron con sus manos los pechos de mi hermana.

MARÍA. En cuatro leguas a la redonda no se oyen más que palabras terribles.

MUCHACHA 1.ª. Más de cuarenta toneles de vino he visto en las espaldas de la ermita.

MARÍA. Un río de hombres solos baja esas sierras.

(Salen. Se oyen voces. Entra YERMA con seis mujeres que van a la iglesia. Van descalzas y llevan cirios rizados; empieza el anochecer.)

YERMA.

Señor, que florezca la rosa,
no me la dejéis en sombra.

MUJER 2.ª.

Sobre su carne marchita
florezca la rosa amarilla.

50

YERMA.

Y en el vientre de tus siervas
la llama oscura de la tierra.

CORO DE MUJERES.

Señor, que florezca la rosa,
no me la dejéis en sombra.

(Se arrodillan.)

YERMA.

El cielo tiene jardines
con rosales de alegría,
entre rosal y rosal
la rosa de maravilla.
Rayo de aurora parece,
y un arcángel la vigila,
las alas como tormentas,
los ojos como agonía.
Alrededor de sus hojas
arroyos de leche tibia
juegan y mojan la cara
de las estrellas tranquilas.
Señor, abre tu rosal
sobre mi carne marchita.

(Se levantan.)

MUJER 2.ª

Señor, calma con tu mano
las ascuas de su mejilla.

YERMA.

Escucha a la penitente
de tu santa romería.
Abre tu rosa en mi carne
aunque tenga mil espinas.

CORO.

Señor, que florezca la rosa,
no me la dejéis en sombra.

YERMA.

Sobre mi carne marchita,
la rosa de maravilla.

(Entran.)

(Salen MUCHACHAS corriendo, con largas cintas en las manos, por la izquierda. Por la derecha, otras tres mirando hacia atrás. Hay en la escena como un crescendo de voces y de ruidos de cascabeles y colleras de campanilleros. En un plano superior aparecen las siete MUCHACHAS, que agitan las cintas hacia la izquierda. Crece el ruido y entran dos MÁSCARAS populares. Una como macho y otra como hembra. Llevan grandes caretas. El macho empuña un cuerno de toro en la mano. No son grotescas de ningún modo, sino de gran belleza y con un sentido de pura tierra. La hembra agita un collar de grandes cascabeles. El fondo se llena de gente que grita y comenta la danza. Está muy anochecido.)

NIÑOS.   ¡El demonio y su mujer! ¡El demonio y su mujer!

HEMBRA.

>   En el río de la sierra
>   la esposa triste se bañaba.
>   Por el cuerpo le subían
>   los caracoles del agua.
>   La arena de las orillas
>   y el aire de la mañana
>   le daban fuego a su risa
>   y temblor a sus espaldas.
>   ¡Ay, qué desnuda estaba
>   la doncella en el agua!

NIÑO.

>   ¡Ay, cómo se quejaba!

HOMBRE 1.º.

>   ¡Ay, marchita de amores
>   con el viento y el agua!

HOMBRE 2.º.

>   ¡Que diga a quién espera!

HOMBRE 1.º.

>   ¡Que diga a quién aguarda!

52

HOMBRE 2.º.
>¡Ay, con el vientre seco
>y la color quebrada!

HEMBRA.
>Cuando llegue la noche lo diré,
>cuando llegue la noche clara.
>Cuando llegue la noche de la romería
>rasgaré los volantes de mi enagua.

NIÑO.
>Y en seguida vino la noche.
>¡Ay, que la noche llegaba!
>Mirad qué oscuro se pone
>el chorro de la montaña.

(Empiezan a sonar unas guitarras.)

MACHO.   *(Se levanta y agita el cuerno.)*
>¡Ay, qué blanca
>la triste casada!
>¡Ay, cómo se queja entre las ramas!
>Amapola y clavel será luego
>cuando el macho despliegue su capa.

(Se acerca.)

>Si tú vienes a la romería
>a pedir que tu vientre se abra,
>no te pongas un velo de luto,
>sino dulce camisa de holanda.
>Vete sola detrás de los muros,
>donde están las higueras cerradas,
>y soporta mi cuerpo de tierra
>hasta el blanco gemido del alba.
>¡Ay, cómo relumbra!
>¡Ay, como relumbraba,
>ay, cómo se cimbre la casada!

HEMBRA.
>¡Ay, que el amor le pone
>coronas y guirnaldas,
>y dardos de oro vivo
>en su pecho se clavan!

53

MACHO.
>
> Siete veces gemía,
> nueve se levantaba,
> quince veces juntaron
> jazmines con naranjas.

HOMBRE 3.º.
>
> ¡Dale ya con el cuerno!

HOMBRE 2.º.
>
> ¡Con la rosa y la danza!

HOMBRE 1.º.
>
> ¡Ay, cómo se cimbrea la casada!

MACHO.
>
> En esta romería
> el varón siempre manda.
> Los maridos son toros.
> El varón siempre manda,
> y las romeras flores,
> para aquel que las gana.

NIÑO.
>
> ¡Dale ya con el aire!

HOMBRE 2.º.
>
> ¡Dale ya con la rama!

MACHO.
>
> ¡Venid a ver la lumbre
> de la que se bañaba!

HOMBRE 1.º.
>
> Como junco se curva.

HEMBRA.
>
> Y como flor se cansa.

HOMBRES.
>
> ¡Que se aparten las niñas!

MACHO.
>
> Que se queme la danza
> y el cuerpo reluciente
> de la linda casada.

54

(Se van bailando con son de palmas y sonrisas. Cantan.)

> El cielo tiene jardines
> con rosales de alegría,
> entre rosal y rosal,
> la rosa de maravilla.

(Vuelven a pasar dos MUCHACHAS *gritando. Entra la* VIEJA *alegre.)*

VIEJA.   A ver si luego nos dejáis dormir. Pero luego será ella. *(Entre* YERMA.*)* ¡Tú! *(*YERMA *está abatida y no habla.)* Dime, ¿para qué has venido?

YERMA.   No sé.

VIEJA.   ¿No te convences? ¿Y tu esposo?

*(*YERMA *da muestra de cansancio y de persona a la que una idea fija le quiebra la cabeza.)*

YERMA.   Ahí está.

VIEJA.   ¿Qué hace?

YERMA.   Bebe. *(Pausa. Llevándose las manos a la frente.)* ¡Ay!

VIEJA.   ¡Ay, ay! Menos ¡ay! y más alma. Antes no he podido decirte nada, pero ahora sí.

YERMA.   ¡Y qué me vas a decir que ya no sepa!

VIEJA.   Lo que ya no se puede callar. Lo que está puesto encima del tejado. La culpa es de tu marido. ¿Lo oyes? Me dejaría cortar las manos. Ni su padre, ni su abuelo, ni su bisabuelo se portaron como hombres de casta. Para tener un hijo ha sido necesario que se junte el cielo con la tierra. Están hechos con saliva. En cambio, tu gente no. Tienes hermanos y primos a cien leguas a la redonda. Mira qué maldición ha venido a caer sobre tu hermosura.

YERMA.   Una maldición. Un charco de veneno sobre las espigas.

55

VIEJA. Pero tú tienes pies para marcharte de tu casa.

YERMA. ¿Para marcharme?

VIEJA. Cuando te vi en la romería me dio un vuelco el corazón. Aquí vienen las mujeres a conocer hombres nuevos. Y el santo hace el milagro. Mi hijo está sentado detrás de la ermita esperándote. Mi casa necesita una mujer. Vete con él y viviremos los tres juntos. Mi hijo sí es de sangre. Como yo. Si entras en mi casa, todavía queda olor de cunas. La ceniza de tu colcha se te volverá pan y sal para las crías. Anda. No te importe la gente. Y en cuanto a tu marido, hay en mi casa entrañas y herramientas para que no cruce siquiera la calle.

YERMA. ¡Calla, calla, si no es eso! Nunca lo haría. Yo no puedo ir a buscar. ¿Te figuras que puedo conocer otro hombre? ¿Dónde pones mi honra? El agua no se puede volver atrás ni la luna llena sale al mediodía. Vete. Por el camino que voy seguiré. ¿Has pensado en serio que yo me pueda doblar a otro hombre? ¿Que yo vaya a pedirle lo que es mío como una esclava? Conóceme, para que nunca me hables más. Yo no busco.

VIEJA. Cuando se tiene sed, se agradece el agua.

YERMA. Yo soy como un campo seco donde caben arando mil pares de bueyes y lo que tú me das es un pequeño vaso de agua de pozo. Lo mío es dolor que ya no está en las carnes.

VIEJA. (Fuerte.) Pues sigue así. Por tu gusto es. Como los cardos del secano, pinchosa, marchita.

YERMA. (Fuerte.) ¡Marchita, sí, ya lo sé! ¡Marchita! No es preciso que me lo refriegues por la boca. No vengas a solazarte como los niños pequeños en la agonía de un animalito. Desde que me casé estoy dándole vueltas a esta palabra, pero es la primera vez que la oigo, la primera vez que me la dicen en la cara. La primera vez que veo que es verdad.

VIEJA. No me das ninguna lástima, ninguna. Yo buscaré otra mujer para mi hijo.

(Se va. Se oye un gran coro cantado por los rome-
ros. YERMA *se dirige hacia el carro y aparece detrás*
del mismo su marido.)

YERMA.   ¿Estabas ahí?

JUAN.   Estaba.

YERMA.   ¿Acechando?

JUAN.   Acechando.

YERMA.   ¿Has oído?

JUAN.   Sí.

YERMA.   ¿Y qué? Déjame y vete a los cantos. *(Se sienta*
en las mantas.)

JUAN.   También es hora de que yo hable.

YERMA.   ¡Habla!

JUAN.   Y que me queje.

YERMA.   ¿Con qué motivos?

JUAN.   Que tengo el amargor en la garganta.

YERMA.   Y yo en los huesos.

JUAN.   Ha llegado el último minuto de resistir este conti-
nuo lamento por cosas oscuras, fuera de la vida, por
cosas que están en el aire.

YERMA.   *(Con asombro dramático.)* ¿Fuera de la vida, dices? ¿En el aire, dices?

JUAN.   Por cosas que no han pasado y ni tú ni yo diri-
gimos.

YERMA.   *(Violenta.)* ¡Sigue! ¡Sigue!

JUAN.   Por cosas que a mí no me importan. ¿Lo oyes? Que
a mí no me importan. Ya es necesario que te lo diga.
A mí me importa lo que tengo entre las manos. Lo que
veo por mis ojos.

YERMA. *(Incorporándose de rodillas, desesperada.)* Así, así. Eso es lo que quería oír de tus labios... No se siente la verdad cuando está dentro de una misma, pero ¡qué grande y cómo grita cuando se pone fuera y levanta los brazos! ¡No le importa! ¡Ya lo he oído!

JUAN. *(Acercándose.)* Piensa que tenía que pasar así. Óyeme. *(La abraza para incorporarla.)* Muchas mujeres serían felices de llevar tu vida. Sin hijos es la vida más dulce. Yo soy feliz no teniéndolos. No tenemos culpa ninguna.

YERMA. ¿Y qué buscabas en mí?

JUAN. A ti misma.

YERMA. *(Excitada.)* ¡Eso! Buscabas la casa, la tranquilidad y una mujer. Pero nada más. ¿Es verdad lo que digo?

JUAN. Es verdad. Como todos.

YERMA. ¿Y lo demás? ¿Y tu hijo?

JUAN. *(Fuerte.)* ¿No oyes que no me importa? ¡No me preguntes más! ¡Que te lo tengo que gritar al oído para que lo sepas, a ver si de una vez vives ya tranquila!

YERMA. ¿Y nunca has pensado en él cuando me has visto desearlo?

JUAN. Nunca.

(Están los dos en el suelo.)

YERMA. ¿Y no podré esperarlo?

JUAN. No.

YERMA. ¿Ni tú?

JUAN. Ni yo tampoco. ¡Resígnate!

YERMA. ¡Marchita!

JUAN. Y a vivir en paz. Uno y otro, con suavidad, con agrado. ¡Abrázame! *(La abraza.)*

YERMA. ¿Qué buscas?

JUAN. A ti te busco. Con la luna estás hermosa.

YERMA. Me buscas como cuando te quieres comer una paloma.

JUAN. Bésame... así.

YERMA. Eso nunca. Nunca. (YERMA *da un grito y aprieta la garganta de su esposo. Éste cae hacia atrás. Le aprieta la garganta hasta matarle. Empieza el coro de la romería.*) Marchita, marchita, pero segura. Ahora sí que lo sé de cierto. Y sola. (*Se levanta. Empieza a llegar gente.*) Voy a descansar sin despertarme sobresaltada, para ver si la sangre me anuncia otra sangre nueva. Con el cuerpo seco para siempre. ¿Qué queréis saber? ¡No os acerquéis, porque he matado a mi hijo, yo misma he matado a mi hijo!

(Acude un grupo que queda al fondo. Se oye el coro de la romería.)

POETA EN NUEVA YORK

(1929-1930)

A Bebé y Carlos Morla

I

POEMAS DE LA SOLEDAD
EN COLUMBIA UNIVERSITY

*Furia color de amor,
amor color de olvido.*

Luis Cernuda

VUELTA DE PASEO

Asesinado por el cielo,
entre las formas que van hacia la sierpe
y las formas que buscan el cristal,
dejaré crecer mis cabellos.

Con el árbol de muñones que no canta
y el niño con el blanco rostro de huevo.

Con los animalitos de cabeza rota
y el agua harapienta de los pies secos.

Con todo lo que tiene cansancio sordomudo
y mariposa ahogada en el tintero.

Tropezando con mi rostro distinto de cada día.
¡Asesinado por el cielo!

1910

(INTERMEDIO)

Aquellos ojos míos de mil novecientos diez
no vieron enterrar a los muertos,
ni la feria de ceniza del que llora por la madrugada,
ni el corazón que tiembla arrinconado como un caballito
[de mar.

Aquellos ojos míos de mil novecientos diez
vieron la blanca pared donde orinaban las niñas,
el hocico del toro, la seta venenosa
y una luna incomprensible que iluminaba por los rincones
los pedazos de limón seco bajo el negro duro de las botellas.

Aquellos ojos míos en el cuello de la jaca,
en el seno traspasado de Santa Rosa dormida,
en los tejados del amor, con gemidos y frescas manos,
en un jardín donde los gatos se comían a las ranas.

Desván donde el polvo viejo congrega estatuas y musgos,
cajas que guardan silencio de cangrejos devorados
en el sitio donde el sueño tropezaba con su realidad.
Allí mis pequeños ojos.

No preguntarme nada. He visto que las cosas
cuando buscan su curso encuentran su vacío.
Hay un dolor de huecos por el aire sin gente
y en mis ojos criaturas vestidas ¡sin desnudo!

New York, agosto 1929

66

FÁBULA Y RUEDA DE LOS TRES AMIGOS

Enrique,
Emilio,
Lorenzo,

estaban los tres helados:
Enrique por el mundo de las camas;
Emilio por el mundo de los ojos y las heridas de las manos;
Lorenzo por el mundo de las universidades sin tejados.

Lorenzo,
Emilio,
Enrique,

estaban los tres quemados:
Lorenzo por el mundo de las hojas y las bolas de billar;
Emilio por el mundo de la sangre y los alfileres blancos;
Enrique por el mundo de los muertos y los periódicos aban-
[donados.

Lorenzo,

Emilio,
Enrique,
estaban los tres enterrados:

Lorenzo en un seno de Flora;
Emilio en la yerta ginebra que se olvida en el vaso,
Enrique en la hormiga, en el mar y en los ojos vacíos de
[los pájaros.
Lorenzo,

Emilio,
Enrique,

67

fueron los tres en mis manos
tres montañas chinas,
tres sombras de caballo,
tres paisajes de nieve y una cabaña de azucenas
por los palomares donde la luna se pone plana bajo el gallo.

Uno

y uno
y uno,
estaban los tres momificados,
con las moscas del invierno,
con los tinteros que orina el perro y desprecia el vilano,
con la brisa que hiela el corazón de todas las madres,
por los blancos derribos de Júpiter donde meriendan muer-
[te los borrachos.
Tres

y dos
y uno,
los vi perderse llorando y cantando
por un huevo de gallina,
por la noche que enseñaba su esqueleto de tabaco,
por mi dolor lleno de rostros y punzantes esquirlas de luna,
por mi alegría de ruedas dentadas y látigos,
por mi pecho turbado por las palomas,
por mi muerte desierta con un solo paseante equivocado.

      Yo había matado la quinta luna
y bebían agua por las fuentes los abanicos y los aplausos.
Tibia leche encerrada de las recién paridas
agitaba las rosas con un largo dolor blanco.
Enrique,
Emilio,
Lorenzo.

Diana es dura,
pero a veces tiene los pechos nublados.
Puede la piedra blanca latir en la sangre del ciervo
y el ciervo puede soñar por los ojos de un caballo.

      Cuando se hundieron las formas puras
bajo el cri cri de las margaritas,

comprendí que me habían asesinado.
Recorrieron los cafés y los cementerios y las iglesias,
abrieron los toneles y los armarios,
destrozaron tres esqueletos para arrancar sus dientes de oro.

Ya no me encontraron.
¿No me encontraron?
No. No me encontraron.
Pero se supo que la sexta luna huyó torrente arriba,
y que el mar recordó ¡de pronto!
los nombres de todos sus ahogados.

TU INFANCIA EN MENTON

Sí, tu niñez ya fábula de fuentes.

JORGE GUILLÉN

Sí, tu niñez ya fábula de fuentes.
El tren y la mujer que llena el cielo.
Tu soledad esquiva en los hoteles
y tu máscara pura de otro signo.
Es la niñez del mar y tu silencio
donde los sabios vidrios se quebraban.
Es tu yerta ignorancia donde estuvo
mi torso limitado por el fuego.
Norma de amor te di, hombre de Apolo,
llanto con ruiseñor enajenado,
pero, pasto de ruina, te afilabas
para los breves sueños indecisos.
Pensamiento de enfrente, luz de ayer,
índices y señales del acaso.
Tu cintura de arena sin sosiego
atiende sólo rastros que no escalan.
Pero yo he de buscar por los rincones
tu alma tibia sin ti que no te entiende,
con el dolor de Apolo detenido
con que he roto la máscara que llevas.
Allí, león, allí furia del cielo,
te dejaré pacer en mis mejillas;
allí, caballo azul de mi locura,
pulso de nebulosa y minutero,
he de buscar las piedras de alacranes
y los vestidos de tu madre niña,
llanto de media noche y paño roto
que quitó luna de la sien del muerto.
Sí, tu niñez ya fábula de fuentes.

Alma extraña de mi hueco de venas,
te he de buscar pequeña y sin raíces.
¡Amor de siempre, amor, amor de nunca!
¡Oh, sí! Yo quiero. ¡Amor, amor! Dejadme.
No me tapen la boca los que buscan
espigas de Saturno por la nieve
o castran animales por un cielo,
clínica y selva de la anatomía.
Amor, amor, amor. Niñez del mar.
Tu alma tibia sin ti que no te entiende.
Amor, amor, un vuelo de la corza
por el pecho sin fin de la blancura.
Y tu niñez, amor, y tu niñez.
El tren y la mujer que llena el cielo.
Ni tú, ni yo, ni el aire, ni las hojas.
Sí, tu niñez ya fábula de fuentes.

II
LOS NEGROS

Para Ángel del Río

NORMA Y PARAÍSO
DE LOS NEGROS

Odian la sombra del pájaro
sobre el pleamar de la blanca mejilla
y el conflicto de luz y viento
en el salón de la nieve fría.

Odian la flecha sin cuerpo,
el pañuelo exacto de la despedida,
la aguja que mantiene presión y rosa
en el gramíneo rubor de la sonrisa.

Aman el azul desierto,
las vacilantes expresiones bovinas,
la mentirosa luna de los polos,
la danza curva del agua en la orilla.

Con la ciencia del tronco y del rastro
llenan de nervios luminosos la arcilla
y patinan lúbricos por aguas y arenas
gustando la amarga frescura de su milenaria saliva.

Es por el azul crujiente,
azul sin un gusano ni una huella dormida,
donde los huevos de avestruz quedan eternos
y deambulan intactas las lluvias bailarinas.

Es por el azul sin historia,
azul de una noche sin temor de día,
azul donde el desnudo del viento va quebrando
los camellos sonámbulos de las nubes vacías.

Es allí donde sueñan los torsos bajo la gula de la hierba.
Allí los corales empapan la desesperación de la tinta,
los durmientes borran sus perfiles bajo la madeja de los ca-
[racoles
y queda el hueco de la danza sobre las últimas cenizas.

EL REY DE HARLEM

Con una cuchara,
arrancaba los ojos a los cocodrilos
y golpeaba el trasero de los monos.
Con una cuchara.

Fuego de siempre dormía en los pedernales
y los escarabajos borrachos de anís
olvidaban el musgo de las aldeas.

Aquel viejo cubierto de setas
iba al sitio donde lloraban los negros
mientras crujía la cuchara del rey
y llegaban los tanques de agua podrida.

Los rosas huían por los filos
de las últimas curvas del aire,
y en los montones de azafrán
los niños machacaban pequeñas ardillas
con un rubor de frenesí manchado.

Es preciso cruzar los puentes
y llegar al rubor negro
para que el perfume de pulmón
nos golpee las sienes con su vestido
de caliente piña.

Es preciso matar al rubio vendedor de aguardiente,
a todos los amigos de la manzana y de la arena,
y es necesario dar con los puños cerrados
a las pequeñas judías que tiemblan llenas de burbujas,
para que el rey de Harlem cante con su muchedumbre,
para que los cocodrilos duerman en largas filas
bajo el amianto de la luna,

y para que nadie dude de la infinita belleza
de los plumeros, los ralladores, los cobres y las cacerolas
                                                [de las cocinas.

¡Ay Harlem! ¡Ay Harlem! ¡Ay Harlem!
¡No hay angustia comparable a tus rojos oprimidos,
a tu sangre estremecida dentro del eclipse oscuro,
a tu violencia granate sordomuda en la penumbra,
a tu gran rey prisionero con un traje de conserje!

* * *

Tenía la noche una hendidura y quietas salamandras
Las muchachas americanas   [de marfil.
llevaban niños y monedas en el vientre,
y los muchachos se desmayaban en la cruz del desperezo.

Ellos son.
Ellos son los que beben el whisky de plata junto a los vol-
                                                [canes
y tragan pedacitos de corazón por las heladas montañas
                                                [del oso.

Aquella noche el rey de Harlem,
con una durísima cuchara
arrancaba los ojos a los cocodrilos
y golpeaba el trasero de los monos.
Con una cuchara.
Los negros lloraban confundidos
entre paraguas y soles de oro,
los mulatos estiraban gomas, ansiosos de llegar al torso
y el viento empañaba espejos   [blanco,
y quebraba las venas de los bailarines.

Negros, Negros, Negros, Negros.

La sangre no tiene puertas en vuestra noche boca arriba.
No hay rubor. Sangre furiosa por debajo de las pieles,
viva en la espina del puñal y en el pecho de los paisajes,
bajo las pinzas y las retamas de la celeste luna de cáncer.

Sangre que busca por mil caminos muertes enharinadas
                              [y ceniza de nardo,
cielos yertos en declive, donde las colonias de planetas
rueden por las playas con los objetos abandonados.

Sangre que mira lenta con el rabo del ojo,
hecha de espartos exprimidos, néctares de subterráneos.
Sangre que oxida el alisio descuidado en una huella
y disuelve a las mariposas en los cristales de la ventana.

Es la sangre que viene, que vendrá
por los tejados y azoteas, por todas partes,
para quemar la clorofila de las mujeres rubias,
para gemir al pie de las camas ante el insomnio de los la-
                              [vabos
y estrellarse en una aurora de tabaco y bajo amarillo.

Hay que huir,
huir por las esquinas y encerrarse en los últimos pisos,
porque el tuétano del bosque penetrará por las rendijas
para dejar en vuestra carne una leve huella de eclipse
y una falsa tristeza de guante desteñido y rosa química.

                    *   *   *

Es por el silencio sapientísimo
cuando los camareros y los cocineros y los que limpian con
las heridas de los millonarios   [la lengua
buscan al rey por las calles o en los ángulos del salitre.

Un viento sur de madera, oblicuo en el negro fango,
escupe a las barcas rotas y se clava puntillas en los hom-
un viento sur que lleva   [bros,
colmillos, girasoles, alfabetos
y una pila de Volta con avispas ahogadas.

El olvido estaba expresado por tres gotas de tinta sobre
                              [el monóculo;
el amor, por un solo rostro invisible a flor de piedra.
Médulas y corolas componían sobre las nubes
un desierto de tallos sin una sola rosa.

                    *   *   *

A la izquierda, a la derecha, por el Sur y por el Norte,
se levanta el muro impasible
para el topo, la aguja del agua.
No busquéis, negros, su grieta
para hallar la máscara infinita.
Buscad el gran sol del centro
hechos una piña zumbadora.
El sol que se desliza por los bosques
seguro de no encontrar una ninfa,
el sol que destruye números y no ha cruzado nunca un
el tatuado sol que baja por el río   [sueño,
y muge seguido de caimanes.

     Negros, Negros, Negros, Negros.

     Jamás sierpe, ni cebra, ni mula
palidecieron al morir.
El leñador no sabe cuándo expiran
los clamorosos árboles que corta.
Aguardad bajo la sombra vegetal de vuestro rey
a que cicutas y cardos y ortigas turben postreras azoteas.

     Entonces, negros, entonces, entonces,
podréis besar con frenesí las ruedas de las bicicletas,
poner parejas de microscopios en las cuevas de las ardillas
y danzar al fin, sin duda, mientras las flores erizadas
asesinan a nuestro Moisés casi en los juncos del cielo.
¡Ay, Harlem disfrazada!
¡Ay, Harlem, amenazada por un gentío de trajes sin cabeza!
Me llega tu rumor,
me llega tu rumor atravesando troncos y ascensores,
a través de láminas grises.
donde flotan tus automóviles cubiertos de dientes,
a través de los caballos muertos y los crímenes diminutos,
a través de tu gran rey desesperado,
cuyas barbas llegan al mar.

IGLESIA ABANDONADA

(Balada de la gran guerra)

Yo tenía un hijo que se llamaba Juan.
Yo tenía un hijo.
Se perdió por los arcos un viernes de todos los muertos.
Le vi jugar en las últimas escaleras de la misa
y echaba un cubito de hojalata en el corazón del sacerdote.
He golpeado los ataúdes. ¡Mi hijo! ¡Mi hijo! ¡Mi hijo!
Saqué una pata de gallina por detrás de la luna y luego
comprendí que mi niña era un pez
por donde se alejan las carretas.
Yo tenía una niña.
Yo tenía un pez muerto bajo las cenizas de los incensarios.
Yo tenía un mar. ¿De qué? ¡Dios mío! ¡Un mar!
Subí a tocar las campanas, pero las frutas tenían gusanos
y las cerillas apagadas
se comían los trigos de la primavera.
Yo vi la transparente cigüeña de alcohol
mondar las negras cabezas de los soldados agonizantes
y vi las cabañas de goma
donde giraban las copas llenas de lágrimas.
En las anémonas del ofertorio te encontraré, ¡corazón mío!,
cuando el sacerdote levante la mula y el buey con sus fuer-
                                                    [tes brazos,
para espantar los sapos nocturnos que rondan los helados
                                        [paisajes del cáliz.
Yo tenía un hijo que era un gigante,
pero los muertos son más fuertes y saben devorar pedazos
Si mi niño hubiera sido un oso,   [de cielo.
yo no temería el sigilo de los caimanes,
si hubiese visto el mar amarrado a los árboles
para ser fornicado y herido por el tropel de los regimien-
¡Si mi niño hubiera sido un oso!   [tos.

80

Me envolveré sobre esta lona dura para no sentir el frío
[de los musgos.
Sé muy bien que me darán una manga o la corbata;
pero en el centro de la misa yo romperé el timón y en-
[tonces
vendrá a la piedra la locura de pingüinos y gaviotas
que harán decir a los que duermen y a los que cantan por
él tenía un hijo.   [las esquinas:
¡Un hijo! ¡Un hijo! ¡Un hijo
que no era más que suyo, porque era su hijo!
¡Su hijo! ¡Su hijo! ¡Su hijo!

III

CALLES Y SUEÑOS

A Rafael R. Rapún

Un pájaro de papel en el pecho
dice que el tiempo de los besos no ha llegado.

V<small>ICENTE</small> A<small>LEIXANDRE</small>

DANZA DE LA MUERTE

El mascarón. ¡Mirad el mascarón!
¡Cómo viene del África a New York!

Se fueron los árboles de la pimienta,
los pequeños botones de fósforo.
Se fueron los camellos de carne desgarrada
y los valles de luz que el cisne levantaba con el pico.

Era el momento de las cosas secas,
de la espiga en el ojo y el gato laminado,
del óxido de hierro de los grandes puentes
y el definitivo silencio del corcho.

Era la gran reunión de los animales muertos,
traspasados por las espadas de la luz;
la alegría eterna del hipopótamo con las pezuñas de ceniza
y de la gacela con una siempreviva en la garganta.

En la marchita soledad sin honda
el abollado mascarón danzaba.
Medio lado del mundo era de arena,
mercurio y sol dormido el otro medio.

El mascarón. ¡Mirad el mascarón!
¡Arena, caimán y miedo sobre Nueva York!

* * *

Desfiladeros de cal aprisionaban un cielo vacío
donde sonaban las voces de los que mueren bajo el guano.
Un cielo mondado y puro, idéntico a sí mismo,
con el bozo y lirio agudo de sus montañas invisibles,

85

acabó con los más leves tallitos del canto
y se fue al diluvio empaquetado de la savia,
a través del descanso de los últimos desfiles,
levantando con el rabo pedazos de espejo.

Cuando el chino lloraba en el tejado
sin encontrar el desnudo de su mujer
y el director del banco observaba el manómetro
que mide el cruel silencio de la moneda,
el mascarón llegaba a Wall Street.

No es extraño para la danza
este columbario que pone los ojos amarillos.
De la esfinge a la caja de caudales hay un hilo tenso
que atraviesa el corazón de todos los niños pobres.
El ímpetu primitivo baila con el ímpetu mecánico,
ignorantes en su frenesí de la luz original.
Porque si la rueda olvida su fórmula,
ya puede cantar desnuda con las manadas de caballos:
y si una llama quema los helados proyectos,
el cielo tendrá que huir ante el tumulto de las ventanas.

No es extraño este sitio para la danza, yo lo digo.
El mascarón bailará entre columnas de sangre y de nú-
[meros,
entre huracanes de oro y gemidos de obreros parados
que aullarán, noche oscura, por tu tiempo sin luces,
¡oh salvaje Norteamérica!, ¡oh impúdica!, ¡oh salvaje,
tendida en la frontera de la nieve!

El mascarón. ¡Mirad el mascarón!
¡Qué ola de fango y luciérnaga sobre Nueva York!

* * *

Yo estaba en la terraza luchando con la luna.
Enjambres de ventanas acribillaban un muslo de la noche.
En mis ojos bebían las dulces vacas de los cielos.
Y las brisas de largos remos
golpeaban los cenicientos cristales de Broadway.

La gota de sangre buscaba la luz de la yema del astro
para fingir una muerta semilla de manzana.

86

El aire de la llanura, empujado por los pastores,
temblaba con un miedo de molusco sin concha.

Pero no son los muertos los que bailan,
estoy seguro.
Los muertos están embebidos, devorando sus propias ma-
[nos.
Son los otros los que bailan con el mascarón y su vihuela;
son los otros, los borrachos de plata, los hombres fríos,
los que crecen en el cruce de los muslos y llamas duras,
los que buscan la lombriz en el paisaje de las escaleras,
los que beben en el banco lágrimas de niña muerta
o los que comen por las esquinas diminutas pirámides del
[alba.

¡Que no baile el Papa!
¡No, que no baile el Papa!
Ni el Rey,
ni el millonario de dientes azules,
ni las bailarinas secas de las catedrales,
ni constructores, ni esmeraldas, ni locos, ni sodomitas.
Sólo este mascarón,
este mascarón de vieja escarlatina,
¡sólo este mascarón!

Que ya las cobras silbarán por los últimos pisos,
que ya las ortigas estremecerán patios y terrazas,
que ya la Bolsa será una pirámide de musgo,
que ya vendrán lianas después de los fusiles
y muy pronto, muy pronto, muy pronto.
¡Ay, Wall Street!

El mascarón. ¡Mirad el mascarón!
¡Cómo escupe veneno de bosque
por la angustia imperfecta de Nueva York!

Diciembre, 1929

PAISAJE DE LA MULTITUD QUE VOMITA

(ANOCHECER EN CONEY ISLAND)

La mujer gorda venía delante
arrancando las raíces y mojando el pergamino de los tam-
la mujer gorda   [bores;
que vuelve del revés los pulpos agonizantes.
La mujer gorda, enemiga de la luna,
corría por las calles y los pisos deshabitados
y dejaba por los rincones pequeñas calaveras de paloma
y levantaba las furias de los banquetes de los siglos últimos
y llamaba al demonio del pan por las colinas del cielo ba-
                                                                 [rrido
y filtraba un ansia de luz en las circulaciones subterráneas.
Son los cementerios, lo sé, son los cementerios
y el dolor de las cocinas enterradas bajo la arena;
son los muertos, los faisanes y las manzanas de otra hora
los que nos empujan en la garganta.

Llegaban los rumores de la selva del vómito
con las mujeres vacías, con niños de cera caliente,
con árboles fermentados y camareros incansables
que sirven platos de sal bajo las arpas de la saliva.
Sin remedio, hijo mío, ¡vomita! No hay remedio.
No es el vómito de los húsares sobre los pechos de la pros-
                                                                 [tituta,
ni el vómito del gato que se tragó una rana por descuido.
Son los muertos que arañan con sus manos de tierra
las puertas de pedernal donde se pudren nublos y postres.

La mujer gorda venía delante
con las gentes de los barcos, de las tabernas y de los jar-
El vómito agitaba delicadamente sus tambores   [dines.
entre algunas niñas de sangre

que pedían protección a la luna.
¡Ay de mí! ¡Ay de mí! ¡Ay de mí!
Esta mirada mía fue mía, pero ya no es mía,
esta mirada que tiembla desnuda por el alcohol
y despide barcos increíbles
por las anémonas de los muelles.
Me defiendo con esta mirada
que mana de las ondas por donde el alba no se atreve,
yo, poeta sin brazos, perdido
entre la multitud que vomita,
sin caballo efusivo que corte
los espesos musgos de mis sienes.

　　　Pero la mujer gorda seguía delante
y la gente buscaba las farmacias
donde el amargo trópico se fija.
Sólø cuando izaron la bandera y llegaron los primeros canes
la ciudad entera se agolpó en las barandillas del embar-
　　　　　　　　　　　　　　　　　　　[cadero.

New York, 29 de diciembre de 1929

PAISAJE DE LA MULTITUD QUE ORINA

(Nocturno de Battery Place)

Se quedaron solos:
aguardaban la velocidad de las últimas bicicletas.
Se quedaron solas:
esperaban la muerte de un niño en el velero japonés.
Se quedaron solos y solas,
soñando con los picos abiertos de los pájaros agonizantes
con el agudo quitasol que pincha
al sapo recién aplastado,
bajo un silencio con mil orejas
y diminutas bocas de agua
en los desfiladeros que resisten
el ataque violento de la luna.
Lloraba el niño del velero y se quebraban los corazones
angustiados por el testigo y la vigilia de todas las cosas
y porque todavía en el suelo celeste de negras huellas
gritaban nombres oscuros, salivas y radios de níquel.
No importa que el niño calle cuando le clavan el último
[alfiler,
ni importa la derrota de la brisa en la corola del algodón,
porque hay un mundo de la muerte con marineros defini-
[tivos
que se asomarán a los arcos y os helarán por detrás de los
Es inútil buscar el recodo   [árboles.
donde la noche olvida su viaje
y acechar un silencio que no tenga
trajes rotos y cáscaras y llanto,
porque tan sólo el diminuto banquete de la araña
basta para romper el equilibrio de todo el cielo.
No hay remedio para el gemido del velero japonés,
ni para estas gentes ocultas que tropiezan con las esquinas.
El campo se muerde la cola para unir las raíces en un
[punto

y el ovillo busca por la grama su ansia de longitud insatis-
                                                    [fecha.
¡La luna! Los policías. ¡Las sirenas de los transatlánticos!
Fachada de crin, de humo; anémonas, guantes de goma.
Todo está roto por la noche,
abierta de piernas sobre las terrazas.
Todo está roto por los tibios caños
de una terrible fuente silenciosa.
¡Oh gentes! ¡Oh mujercillas! ¡Oh soldados!
Será preciso viajar por los ojos de los idiotas,
campos libres donde silban mansas cobras deslumbradas,
paisajes llenos de sepulcros que producen fresquísimas man-
para que venga la luz desmedida   [zanas,
que temen los ricos detrás de sus lupas,
el olor de un solo cuerpo con la doble vertiente de lis y
                                                    [rata
y para que se quemen estas gentes que pueden orinar alre-
                                    [dedor de un gemido
o en los cristales donde se comprenden las olas nunca re-
                                                    [petidas.

ASESINATO

(Dos voces de madrugada en Riverside Drive)

¿Cómo fue?
—Una grieta en la mejilla.
¡Eso es todo!
Una uña que aprieta el tallo.
Un alfiler que bucea
hasta encontrar las raicillas del grito.
Y el mar deja de moverse.
—*¿Cómo, cómo fue?*
—Así.
—*¡Déjame! ¿De esa manera?*
—Sí.
El corazón salió solo.
—*¡Ay, ay de mí!*

NAVIDAD EN EL HUDSON

¡Esa esponja gris!
Ese marinero recién degollado.
Ese río grande.
Esa brisa de límites oscuros.
Ese filo, amor, ese filo.
Estaban los cuatro marineros luchando con el mundo,
con el mundo de aristas que ven todos los ojos,
con el mundo que no se puede recorrer sin caballos.
Estaban uno, cien, mil marineros,
luchando con el mundo de las agudas velocidades,
sin enterarse de que el mundo
estaba solo por el cielo.

El mundo solo por el cielo solo.
Son las colinas de martillos y el triunfo de la hierba espesa.
Son los vivísimos hormigueros y las monedas en el fango.
El mundo solo por el cielo solo
y el aire a la salida de todas las aldeas.

Cantaba la lombriz el terror de la rueda
y el marinero degollado
cantaba el oso de agua que lo había de escuchar;
y todos cantaban aleluya,
aleluya. Cielo desierto.
Es lo mismo, ¡lo mismo!, aleluya.

He pasado toda la noche en los andamios de los arra-
                                                        [bales
dejándome la sangre por la escayola de los proyectos,
ayudando a los marineros a recoger las velas desgarradas.

Y estoy con las manos vacías en el rumor de la desem-
No importa que cada minuto   [bocadura.

93

un niño nuevo agite sus ramitos de venas
ni que el parto de la víbora, desatado bajo las ramas,
calme la sed de sangre de los que miran el desnudo.
Lo que importa es esto: hueco. Mundo solo. Desemboca-
Alba no. Fábula inerte.   [dura.
Sólo esto: desembocadura.
¡Oh esponja mía gris!
¡Oh cuello mío recién degollado!
¡Oh río grande mío!
¡Oh brisa mía de límites que no son míos!
¡Oh filo de mi amor, oh hiriente filo!

New York, 27 de diciembre de 1929

94

CIUDAD SIN SUEÑO

(NOCTURNO DEL BROOKLYN BRIDGE)

No duerme nadie por el cielo. Nadie, nadie.
No duerme nadie.
Las criaturas de la luna huelen y rondan sus cabañas.
Vendrán las iguanas vivas a morder a los hombres que no
[sueñan
y el que huye con el corazón roto encontrará por las es-
[quinas
al increíble cocodrilo quieto bajo la tierna protesta de los
[astros.

No duerme nadie por el mundo. Nadie, nadie.
No duerme nadie.
Hay un muerto en el cementerio más lejano
que se queja tres años
porque tiene un paisaje seco en la rodilla;
y el niño que enterraron esta mañana lloraba tanto
que hubo necesidad de llamar a los perros para que callase.

No es sueño la vida. ¡Alerta! ¡Alerta! ¡Alerta!
Nos caemos por las escaleras para comer la tierra húmeda
o subimos al filo de la nieve con el coro de las dalias muer-
Pero no hay olvido, ni sueño: [tas.
carne viva. Los besos atan las bocas
en una maraña de venas recientes
y al que le duele su dolor le dolerá sin descanso
y el que teme la muerte la llevará sobre sus hombros.

Un día
los caballos vivirán en las tabernas
y las hormigas furiosas

95

atacarán los cielos amarillos que se refugian en los ojos
[de las vacas.

Otro día
veremos la resurrección de las mariposas disecadas
y aun andando por un paisaje de esponjas grises y barcos
[mudos
veremos brillar nuestro anillo y manar rosas de nuestra
¡Alerta! ¡Alerta! ¡Alerta!   [lengua.
A los que guardan todavía huellas de zarpa y aguacero,
a aquel muchacho que llora porque no sabe la invención
[del puente
o a aquel muerto que ya no tiene más que la cabeza y un
[zapato,
hay que llevarlos al muro donde iguanas y sierpes esperan,
donde espera la dentadura del oso,
donde espera la mano momificada del niño
y la piel del camello se eriza con un violento escalofrío azul.

No duerme nadie por el cielo. Nadie, nadie.
No duerme nadie.
Pero si alguien cierra los ojos,
¡azotadlo, hijos míos, azotadlo!
Haya un panorama de ojos abiertos
y amargas llagas encendidas.
No duerme nadie por el mundo. Nadie, nadie.

Ya lo he dicho.
No duerme nadie.
Pero si alguien tiene por la noche exceso de musgo en las
abrid los escotillones para que vea bajo la luna   [sienes,
las copas falsas, el veneno y la calavera de los teatros.

PANORAMA CIEGO DE NUEVA YORK

Si no son los pájaros
cubiertos de ceniza,
si no son los gemidos que golpean las ventanas de la boda,
serán las delicadas criaturas del aire
que manan la sangre nueva por la oscuridad inextinguible.
Pero no, no son los pájaros,
porque los pájaros están a punto de ser bueyes;
pueden ser rocas blancas con la ayuda de la luna
y son siempre muchachos heridos
antes de que los jueces levanten la tela.

Todos comprenden el dolor que se relaciona con la
[muerte,
pero el verdadero dolor no está presente en el espíritu.
No está en el aire ni en nuestra vida,
ni en estas terrazas llenas de humo.
El verdadero dolor que mantiene despiertas las cosas
es una pequeña quemadura infinita
en los ojos inocentes de los otros sistemas.

Un traje abandonado pesa tanto en los hombros
que muchas veces el cielo los agrupa en ásperas manadas.
Y las que mueren de parto saben en la última hora
que todo rumor será piedra y toda huella latido.
Nosotros ignoramos que el pensamiento tiene arrabales
donde el filósofo es devorado por los chinos y las orugas.
Y algunos niños idiotas han encontrado por las cocinas
pequeñas golondrinas con muletas
que sabían pronunciar la palabra amor.

No, no son los pájaros.
No es un pájaro el que expresa la turbia fiebre de laguna,
ni el ansia de asesinato que nos oprime cada momento,

ni el metálico rumor de suicidio que nos anima cada ma-
[drugada.
Es una cápsula de aire donde nos duele todo el mundo,
es un pequeño espacio vivo al loco unisón de la luz,
es una escala indefinible donde las nubes y rosas olvidan
el griterío chino que bulle por el desembarcadero de la san-
Yo muchas veces me he perdido   [gre.
para buscar la quemadura que mantiene despiertas las cosas
y sólo he encontrado marineros echados sobre las baran-
[dillas
y pequeñas criaturas del cielo enterradas bajo la nieve.
Pero el verdadero dolor estaba en otras plazas
donde los peces cristalizados agonizaban dentro de los tron-
[cos;
plazas del cielo extraño para las antiguas estatuas ilesas
y para la tierna intimidad de los volcanes.

No hay dolor en la voz. Sólo existen los dientes,
pero dientes que callarán aislados por el raso negro.
No hay dolor en la voz. Aquí sólo existe la tierra.
La tierra con sus puertas de siempre
que llevan al rubor de los frutos.

NACIMIENTO DE CRISTO

Un pastor pide teta por la nieve que ondula
blancos perros tendidos entre linternas sordas.
El Cristito de barro se ha partido los dedos
en los filos eternos de la madera rota.

¡Ya vienen las hormigas y los pies ateridos!
Dos hilillos de sangre quiebran el cielo duro.
Los vientres del demonio resuenan por los valles
golpes y resonancias de carne de molusco.

Lobos y sapos cantan en las hogueras verdes
coronadas por vivos hormigueros del alba.
La luna tiene un sueño de grandes abanicos
y el toro sueña un toro de agujeros y de agua.

El niño llora y mira con un tres en la frente.
San José ve en el heno tres espinas de bronce.
Los pañales exhalan un rumor de desierto
con cítaras sin cuerdas y degolladas voces.

La nieve de Manhattan empuja los anuncios
y lleva gracia pura por las falsas ojivas.
Sacerdotes idiotas y querubes de pluma
van detrás de Lutero por las altas esquinas.

LA AURORA

La aurora de Nueva York tiene
cuatro columnas de cieno
y un huracán de negras palomas
que chapotean las aguas podridas.

La aurora de Nueva York gime
por las inmensas escaleras
buscando entre las aristas
nardos de angustia dibujada.

La aurora llega y nadie la recibe en su boca
porque allí no hay mañana ni esperanza posible.
A veces las monedas en enjambres furiosos
taladran y devoran abandonados niños.

Los primeros que salen comprenden con sus huesos
que no habrá paraíso ni amores deshojados;
saben que van al cieno de números y leyes,
a los juegos sin arte, a sudores sin fruto.

La luz es sepultada por cadenas y ruidos
en impúdico reto de ciencia sin raíces.
Por los barrios hay gentes que vacilan insomnes
como recién salidas de un naufragio de sangre.

IV
POEMAS DEL LAGO EDEN MILLS

A Eduardo Ugarte

POEMA DOBLE DEL LAGO EDEN

Nuestro ganado pace, el viento espira.

GARCILASO

Era mi voz antigua
ignorante de los densos jugos amargos.
La adivino lamiendo mis pies
bajo los frágiles helechos mojados.

¡Ay voz antigua de mi amor,
ay voz de mi verdad,
ay voz de mi abierto costado,
cuando todas las rosas manaban de mi lengua
y el césped no conocía la impasible dentadura del caballo!

Estás aquí bebiendo mi sangre,
bebiendo mi humor de niño pesado,
mientras mis ojos se quiebran en el viento
con el aluminio y las voces de los borrachos.

Déjame pasar la puerta
donde Eva come hormigas
y Adán fecunda peces deslumbrados.
Déjame pasar, hombrecillo de los cuernos,
al bosque de los desperezos
y los alegrísimos saltos.

Yo sé el uso más secreto
que tiene un viejo alfiler oxidado
y sé del horror de unos ojos despiertos
sobre la superficie concreta del plato.

103

Pero no quiero mundo ni sueño, voz divina,
quiero mi libertad, mi amor humano
en el rincón más oscuro de la brisa que nadie quiera.
¡Mi amor humano!

Esos perros marinos se persiguen
y el viento acecha troncos descuidados.
¡Oh voz antigua, quema con tu lengua
esta voz de hojalata y de talco!

Quiero llorar porque me da la gana
como lloran los niños del último banco,
porque yo no soy un hombre, ni un poeta, ni una hoja,
pero sí un pulso herido que sonda las cosas del otro lado.

Quiero llorar diciendo mi nombre,
rosa, niño y abeto a la orilla de este lago,
para decir mi verdad de hombre de sangre
matando en mí la burla y la sugestión del vocablo.

No, no, yo no pregunto, yo deseo,
voz mía libertada que lames las manos.
En el laberinto de biombos es mi desnudo el que recibe
la luna de castigo y el reloj encenizado.

Así hablaba yo.
Así hablaba yo cuando Saturno detuvo los trenes
y la bruma y el Sueño y la Muerte me estaban buscando.
Me estaban buscando
allí donde mugen las vacas que tienen patitas de paje
y allí donde flota mi cuerpo entre los equilibrios contrarios.

CIELO VIVO

Yo no podré quejarme
si no encontré lo que buscaba.
Cerca de las piedras sin jugo y los insectos vacíos
no veré el duelo del sol con las criaturas en carne viva.

    Pero me iré al primer paisaje
de choques, líquidos y rumores
que trasmina a niño recién nacido
y donde toda superficie es evitada,
para entender que lo que busco tendrá su blanco de alegría
cuando yo vuele mezclado con el amor y las arenas.

    Allí no llega la escarcha de los ojos apagados
ni el mugido del árbol asesinado por la oruga.
Allí todas las formas guardan entrelazadas
una sola expresión frenética de avance.

    No puedes avanzar por los enjambres de corolas
porque el aire disuelve tus dientes de azúcar,
ni puedes acariciar la fugaz hoja del helecho
sin sentir el asombro definitivo del marfil.

    Allí bajo las raíces y en la médula del aire,
se comprende la verdad de las cosas equivocadas,
el nadador de níquel que acecha la onda más fina
y el rebaño de vacas nocturnas con rojas patitas de mujer.

    Yo no podré quejarme
si no encontré lo que buscaba;
pero me iré al primer paisaje de humedades y latidos
para entender que lo que busco tendrá su blanco de alegría
cuando yo vuele mezclado con el amor y las arenas.

Vuelo fresco de siempre sobre lechos vacíos,
sobre grupos de brisas y barcos encallados.
Tropiezo vacilante por la dura eternidad fija
y amor al fin sin alba. Amor. ¡Amor visible!

Eden Mills, Vermont, 24 agosto 1929

V

EN LA CABAÑA DEL FARMER

(Campo de Newburg)

A Concha Méndez
y Manuel Altolaguirre

EL NIÑO STANTON

Do you like me?
—Yes, and you?
—Yes, yes.

Cuando me quedo solo
me quedan todavía tus diez años,
los tres caballos ciegos,
tus quince rostros con el rostro de la pedrada
y las fiebres pequeñas heladas sobre las hojas del maíz.
Stanton, hijo mío, Stanton.
A las doce de la noche el cáncer salía por los pasillos
y hablaba con los caracoles vacíos de los documentos,
el vivísimo cáncer lleno de nubes y termómetros
con su casto afán de manzana para que lo piquen los rui-
En la casa donde hay cáncer   [señores.
se quiebran las blancas paredes en el delirio de la astro-
                                                         [nomía
y por los establos más pequeños y en las cruces de los bos-
                                                         [ques
brilla por muchos años el fulgor de la quemadura.
Mi dolor sangraba por las tardes
cuando tus ojos eran dos muros,
cuando tus manos eran dos países
y mi cuerpo rumor de hierba.
Mi agonía buscaba su traje,
polvorienta, mordida por los perros,
y tú la acompañaste sin temblar
hasta la puerta del agua oscura.

¡Oh mi Stanton, idiota y bello entre los pequeños ani-
                                                         [malitos,
con tu madre fracturada por los herreros de las aldeas,
con un hermano bajo los arcos,

109

otro comido por los hormigueros,
y el cáncer sin alambradas latiendo por las habitaciones!
Hay nodrizas que dan a los niños
ríos de musgo y amargura de pie
y algunas negras suben a los pisos para repartir filtro de
Porque es verdad que la gente   [rata.
quiere echar las palomas a las alcantarillas
y yo sé lo que esperan los que por la calle
nos oprimen de pronto las yemas de los dedos.

    Tu ignorancia es un monte de leones, Stanton.
El día que el cáncer te dio una paliza
y te escupió en el dormitorio donde murieron los huéspedes
                                                                         [en la epidemia
y abrió su quebrada rosa de vidrios secos y manos blandas
para salpicar de lodo las pupilas de los que navegan,
tú buscaste en la hierba mi agonía,
mi agonía con flores de terror,
mientras que el agrio cáncer mudo que quiere acostarse
                                                                         [contigo
pulverizaba rojos paisajes por las sábanas de amargura,
y ponía sobre los ataúdes
helados arbolitos de ácido bórico.
Stanton, vete al bosque con tus arpas judías,
vete para aprender celestiales palabras
que duermen en los troncos, en nubes, en tortugas,
en los perros dormidos, en el plomo, en el viento,
en lirios que no duermen, en aguas que no copian,
para que aprendas, hijo, lo que tu pueblo olvida.

    Cuando empiece el tumulto de la guerra
dejaré un pedazo de queso para tu perro en la oficina.
Tus diez años serán las hojas
que vuelan en los trajes de los muertos,
diez rosas de azufre débil
en el hombro de mi madrugada.
Y yo, Stanton, yo solo, en olvido,
con tus caras marchitas sobre mi boca,
iré penetrando a voces las verdes estatuas de la Malaria.

VACA

A Luis Lacasa

Se tendió la vaca herida.
Árboles y arroyos trepaban por sus cuernos.
Su hocico sangraba en el cielo.

Su hocico de abejas
bajo el bigote lento de la baba.
Un alarido blanco puso en pie la mañana.

Las vacas muertas y las vivas,
rubor de luz o miel de establo,
balaban con los ojos entornados.

Que se enteren las raíces
y aquel niño que afila su navaja
de que ya se pueden comer la vaca.

Arriba palidecen
luces y yugulares.
Cuatro pezuñas tiemblan en el aire.

Que se entere la luna
y esa noche de rocas amarillas:
que ya se fue la vaca de ceniza.

Que ya se fue balando
por el derribo de los cielos yertos
donde meriendan muerte los borrachos.

111

NIÑA AHOGADA EN EL POZO

(Granada y Newburg)

Las estatuas sufren por los ojos con la oscuridad de los
                                                    [ataúdes,
pero sufren mucho más por el agua que no desemboca.
Que no desemboca.

El pueblo corría por las almenas rompiendo las cañas
                                            [de los pescadores.
¡Pronto! ¡Los bordes! ¡De prisa! Y croaban las estrellas
...que no desemboca.   [tiernas.

Tranquila en mi recuerdo, astro, círculo, meta,
lloras por las orillas de un ojo de caballo.
...que no desemboca.

Pero nadie en lo oscuro podrá darte distancias,
sino afilado límite, porvenir de diamante.
...que no desemboca.

Mientras la gente busca silencios de almohada
tú lates para siempre definida en tu anillo.
...que no desemboca.

Eterna en los finales de unas ondas que aceptan
combate de raíces y soledad prevista.
...que no desemboca.

¡Ya vienen por las rampas! ¡Levántate del agua!
¡Cada punto de luz te dará una cadena!
...que no desemboca.

Pero el pozo te alarga manecitas de musgo,
insospechada ondina de su casta ignorancia.
...que no desemboca.

No, que no desemboca. Agua fija en un punto,
respirando con todos sus violines sin cuerdas
en la escala de las heridas y los edificios deshabitados.

¡Agua que no desemboca!

VI
INTRODUCCIÓN A LA MUERTE

(POEMAS DE LA SOLEDAD EN VERMONT)

Para Rafael Sánchez Ventura

MUERTE

A Luis de la Serna

¡Qué esfuerzo!
¡Qué esfuerzo del caballo por ser perro!
¡Qué esfuerzo del perro por ser golondrina!
¡Qué esfuerzo de la golondrina por ser abeja!
¡Qué esfuerzo de la abeja por ser caballo!
Y el caballo,
¡qué flecha aguda exprime de la rosa!,
¡qué rosa gris levanta de su belfo!
Y la rosa,
¡qué rebaño de luces y alaridos
ata en el vivo azúcar de su tronco!
Y el azúcar,
¡qué puñalitos sueña en su vigilia!
Y los puñales diminutos,
¡qué luna sin establos, qué desnudos,
piel eterna y rubor, andan buscando!
Y yo, por los aleros,
¡qué serafín de llamas busco y soy!
Pero el arco de yeso,
¡qué grande, qué invisible, qué diminuto!,
sin esfuerzo.

117

NOCTURNO DEL HUECO

I

Para ver que todo se ha ido,
para ver los huecos y los vestidos,
¡dame tu guante de luna,
tu otro guante perdido en la hierba,
amor mío!

Puede el aire arrancar los caracoles
muertos sobre el pulmón del elefante
y soplar los gusanos ateridos
de las yemas de luz o las manzanas.

Los rostros bogan impasibles
bajo el diminuto griterío de las yerbas
y en el rincón está el pechito de la rana
turbio de corazón y mandolina.

En la gran plaza desierta
mugía la bovina cabeza recién cortada
y eran duro cristal definitivo
las formas que buscaban el giro de la sierpe.

Para ver que todo se ha ido
dame tu mudo hueco, ¡amor mío!,
nostalgia de academia y cielo triste.
¡Para ver que todo se ha ido!

Dentro de ti, amor mío, por tu carne,
¡qué silencio de trenes bocaarriba!
¡cuánto brazo de momia florecido!,
¡qué cielo sin salida, amor, qué cielo!

Es la piedra en el agua y es la voz en la brisa
bordes de amor que escapan de su tronco sangrante.
Basta tocar el pulso de nuestro amor presente
para que broten flores sobre los otros niños.

Para ver que todo se ha ido.
Para ver los huecos de nubes y ríos.
Dame tus manos de laurel, amor.
¡Para ver que todo se ha ido!

Ruedan los huecos puros, por mí, por ti, en el alba
conservando las huellas de las ramas de sangre
y algún perfil de yeso tranquilo que dibuja
instantáneo dolor de luna apuntillada.

Mira formas concretas que buscan su vacío.
Perros equivocados y manzanas mordidas.
Mira el ansia, la angustia de un triste mundo fósil
que no encuentra el acento de su primer sollozo.

Cuando busco en la cama los rumores del hilo
has venido, amor mío, a cubrir mi tejado.
El hueco de una hormiga puede llenar el aire,
pero tú vas gimiendo sin norte por mis ojos.

No, por mis ojos no, que ahora me enseñas
cuatro ríos ceñidos en tu brazo,
en la dura barraca donde la luna prisionera
devora a un marinero delante de los niños.

Para ver que todo se ha ido
¡amor inexpugnable, amor huido!
No, no me des tu hueco,
¡que ya va por el aire el mío!
¡Ay de ti, ay de mí, de la brisa!
Para ver que todo se ha ido.

II

Yo.
Con el hueco blanquísimo de un caballo,
crines de ceniza. Plaza pura y doblada.

Yo.
Mi hueco traspasado con las axilas rotas.
Piel seca de uva neutra y amianto de madrugada.

Toda la luz del mundo cabe dentro de un ojo.
Canta el gallo y su canto dura más que sus alas.

Yo.
Con el hueco blanquísimo de un caballo.
Rodeado de espectadores que tienen hormigas en las pa-
[labras.

En el circo del frío sin perfil mutilado.
Por los capiteles rotos de las mejillas desangradas.

Yo.
Mi hueco sin ti, ciudad, sin tus muertos que comen.
Ecuestre por mi vida definitivamente anclada.

Yo.
No hay siglo nuevo ni luz reciente.
Sólo un caballo azul y una madrugada.

PAISAJE CON DOS TUMBAS
Y UN PERRO ASIRIO

Amigo,
levántate para que oigas aullar
al perro asirio.
Las tres ninfas del cáncer han estado bailando,
hijo mío.
Trajeron unas montañas de lacre rojo
y unas sábanas duras donde estaba el cáncer dormido.
El caballo tenía un ojo en el cuello
y la luna estaba en un cielo tan frío
que tuvo que desgarrarse su monte de Venus
y ahogar en sangre y ceniza los cementerios antiguos.

Amigo,
despierta, que los montes todavía no respiran
y las hierbas de mi corazón están en otro sitio.
No importa que estés lleno de agua de mar.
Yo amé mucho tiempo a un niño
que tenía una plumilla en la lengua
y vivimos cien años dentro de un cuchillo.
Despierta. Calla. Escucha. Incorpórate un poco.

El aullido
es una larga lengua morada que deja
hormigas de espanto y licor de lirios.
Ya viene hacia la roca. ¡No alargues tus raíces!
Se acerca. Gime. No solloces en sueños, amigo.

¡Amigo!
Levántate para que oigas aullar
al perro asirio.

RUINA

A Regino Sainz de la Maza

Sin encontrarse,
viajero por su propio torso blanco,
¡así iba el aire!

Pronto se vio que la luna
era una calavera de caballo
y el aire una manzana oscura.

Detrás de la ventana
con látigos y luces se sentía
la lucha de la arena con el agua.

Yo vi llegar las hierbas
y les eché un cordero que balaba
bajo sus dientecillos y lancetas.

Volaba dentro de una gota
la cáscara de pluma y celuloide
de la primer paloma.

Las nubes en manada
se quedaron dormidas contemplando
el duelo de las rocas con el alba.

Vienen las hierbas, hijo.
Ya suenan sus espadas de saliva
por el cielo vacío.

Mi mano, amor. ¡Las hierbas!
Por los cristales rotos de la casa
la sangre desató sus cabelleras.

Tú solo y yo quedamos.
Prepara tu esqueleto para el aire.
Yo solo y tú quedamos.

Prepara tu esqueleto.
Hay que buscar de prisa, amor, de prisa,
nuestro perfil sin sueño.

LUNA Y PANORAMA DE LOS INSECTOS

(POEMA DE AMOR)

La luna en el mar riela,
en la lona gime el viento
y alza en blando movimiento
olas de plata y azul.

ESPRONCEDA

Mi corazón tendría la forma de un zapato
si cada aldea tuviera una sirena.
Pero la noche es interminable cuando se apoya en los en-
[fermos
y hay barcos que buscan ser mirados para poder hundirse
[tranquilos.

    Si el aire sopla blandamente
mi corazón tiene la forma de una niña.
Si el aire se niega a salir de los cañaverales
mi corazón tiene la forma de una milenaria boñiga de toro.

    Bogar, bogar, bogar, bogar,
hacia el batallón de puntas desiguales,
hacia un paisaje de acechos pulverizados.
Noche igual de la nieve, de los sistemas suspendidos.
Y la luna.
¡La luna!
Pero no la luna.
La raposa de las tabernas,
el gallo japonés que se comió los ojos,
las hierbas masticadas.

    No nos salvan las solitarias en los vidrios,
ni los herbolarios donde el metafísico

encuentra las otras vertientes del cielo.
Son mentira las formas. Sólo existe
el círculo de bocas del oxígeno.
Y la luna.
Pero no la luna.
Los insectos,
los muertos diminutos por las riberas,
dolor de longitud,
yodo en un punto,
las muchedumbres en el alfiler,
el desnudo que amasa la sangre de todos,
y mi amor que no es un caballo ni una quemadura,
criatura de pecho devorado.
¡Mi amor!

Ya cantan, gritan, gimen: Rostro. ¡Tu rostro! Rostro.
Las manzanas son unas,
las dalias son idénticas,
la luz tiene un sabor de metal acabado
y el campo de todo un lustro cabrá en la mejilla de la mo-
Pero tu rostro cubre los cielos del banquete. [*neda.*
¡Ya cantan!, ¡gritan!, ¡gimen!,
¡cubren!, ¡trepan!, ¡espantan!

Es necesario caminar, ¡de prisa!, por las ondas, por las
[ramas,
por las calles deshabitadas de la edad media que bajan
[al río,
por las tiendas de las pieles donde suena un cuerno de vaca
por las escalas, ¡sin miedo!, por las escalas. [herida.
Hay un hombre descolorido que se está bañando en el mar;
es tan tierno que los reflectores le comieron jugando el co-
[razón.
Y en el Perú viven mil mujeres, ¡oh insectos!, que noche
[y día
hacen nocturnos y desfiles entrecruzando sus propias venas.

Un diminuto guante corrosivo me detiene. ¡Basta!
En mi pañuelo he sentido el tris
de la primera vena que se rompe.
Cuida tus pies, amor mío, ¡tus manos!,
ya que yo tengo que entregar mi rostro,
mi rostro, ¡mi rostro!, ¡ay, mi comido rostro!

125

Este fuego casto para mi deseo,
esta confusión por anhelo de equilibrio,
este inocente dolor de pólvora en mis ojos,
aliviará la angustia de otro corazón
devorado por las nebulosas.

No nos salva la gente de las zapaterías,
ni los paisajes que se hacen música al encontrar las llaves
Son mentira los aires. Sólo existe   [oxidadas.
una cunita en el desván
que recuerda todas las cosas.
Y la luna.
Pero no la luna.
Los insectos,
los insectos solos,
crepitantes, mordientes, estremecidos, agrupados,
y la luna
con un guante de humo sentada en la puerta de sus derri-
¡¡La luna!!   [bos.

New•York, 4 de enero de 1930

126

VII
VUELTA A LA CIUDAD

Para Antonio Hernández Soriano

NEW YORK

(Oficina y denuncia)

A Fernando Vela

Debajo de las multiplicaciones
hay una gota de sangre de pato.
Debajo de las divisiones
hay una gota de sangre de marinero.
Debajo de las sumas, un río de sangre tierna;
un río que viene cantando
por los dormitorios de los arrabales,
y es plata, cemento o brisa
en el alba mentida de New York.
Existen las montañas, lo sé.
Y los anteojos para la sabiduría,
lo sé. Pero yo no he venido a ver el cielo.
He venido para ver la turbia sangre,
la sangre que lleva máquinas a las cataratas
y el espíritu a la lengua de la cobra.
Todos los días se matan en New York
cuatro millones de patos,
cinco millones de cerdos,
dos mil palomas para el gusto de los agonizantes,
un millón de vacas,
un millón de corderos
y dos millones de gallos,
que dejan los cielos hechos añicos.
Más vale sollozar afilando la navaja
o asesinar a los perros en las alucinantes cacerías,
que resistir en la madrugada
los interminables trenes de leche,
los interminables trenes de sangre
y los trenes de rosas maniatadas

por los comerciantes de perfumes.
Los patos y las palomas,
y los cerdos y los corderos
ponen sus gotas de sangre
debajo de las multiplicaciones,
y los terribles alaridos de las vacas estrujadas
llenan de dolor el valle
donde el Hudson se emborracha con aceite.
Yo denuncio a toda la gente
que ignora la otra mitad,
la mitad irredimible
que levanta sus montes de cemento
donde laten los corazones
de los animalitos que se olvidan
y donde caeremos todos
en la última fiesta de los taladros.
Os escupo en la cara.
La otra mitad me escucha
devorando, cantando, volando en su pureza,
como los niños de las porterías
que llevan frágiles palitos
a los huecos donde se oxidan
las antenas de los insectos.
No es el infierno, es la calle.
No es la muerte, es la tienda de frutas.
Hay un mundo de ríos quebrados y distancias inasibles
en la patita de ese gato quebrada por el automóvil,
y yo oigo el canto de la lombriz
en el corazón de muchas niñas.
Óxido, fermento, tierra estremecida.
Tierra tú mismo que nadas por los números de la oficina.
¿Qué voy a hacer, ordenar los paisajes?
¿Ordenar los amores que luego son fotografías,
que luego son pedazos de madera y bocanadas de sangre?
No, no; yo denuncio.
Yo denuncio la conjura
de estas desiertas oficinas
que no radian las agonías,
que borran los programas de la selva,
y me ofrezco a ser comido por las vacas estrujadas
cuando sus gritos llenan el valle
donde el Hudson se emborracha con aceite.

CEMENTERIO JUDÍO

Las alegres fiebres huyeron a las maromas de los barcos
y el judío empujó la verja con el pudor helado del interior
[de la lechuga.

Los niños de Cristo dormían,
y el agua era una paloma,
y la madera era una garza,
y el plomo era un colibrí,
y aun las vivas prisiones de fuego
estaban consoladas por el salto de la langosta.

Los niños de Cristo bogaban y los judíos llenaban los
con un solo corazón de paloma   [muros
por el que todos querían escapar.
Las niñas de Cristo cantaban y las judías miraban la muerte
con un solo ojo de faisán,
vidriado por la angustia de un millón de paisajes.

Los médicos ponen en el níquel sus tijeras y guantes de
cuando los cadáveres sienten en los pies   [goma
la terrible claridad de otra luna enterrada.
Pequeños dolores ilesos se acercan a los hospitales
y los muertos se van quitando un traje de sangre cada día.

Las arquitecturas de escarcha,
las liras y gemidos que se escapan de las hojas diminutas
en otoño, mojando las últimas vertientes,
se apagaban en el negro de los sombreros de copa.

La hierba celeste y sola de la que huye con miedo el
[rocío
y las blancas entradas de mármol que conducen al aire
[duro

131

mostraban su silencio roto por las huellas dormidas de los
[zapatos.

El judío empujó la verja;
pero el judío no era un puerto,
y las barcas de nieve se agolparon
por las escalerillas de su corazón:
las barcas de nieve que acechan
un hombre de agua que las ahogue,
las barcas de los cementerios
que a veces dejan ciegos a los visitantes.

Los niños de Cristo dormían
y el judío ocupó su litera.
Tres mil judíos lloraban en el espanto de las galerías
porque reunían entre todos con esfuerzo media paloma,
porque uno tenía la rueda de un reloj
y otro un botín con orugas parlantes
y otro una lluvia nocturna cargada de cadenas
y otro la uña de un ruiseñor que estaba vivo;
y porque la media paloma gemía
derramando una sangre que no era la suya.

Las alegres fiebres bailaban por las cúpulas humedeci-
y la luna copiaba en su mármol   [das
nombres viejos y cintas ajadas.
Llegó la gente que come por detrás de las yertas columnas
y los asnos de blancos dientes
con los especialistas de las articulaciones.
Verdes girasoles temblaban
por los páramos del crepúsculo
y todo el cementerio era una queja
de bocas de cartón y trapo seco.
Ya los niños de Cristo se dormían
cuando el judío, apretando los ojos,
se cortó las manos en silencio
al escuchar los primeros gemidos.

New York, 18 de enero de 1930

132

VIII

DOS ODAS

A mi editor Armando Guibert

GRITO HACIA ROMA

(Desde la torre del Chrysler Building)

Manzanas levemente heridas
por finos espadines de plata,
nubes rasgadas por una mano de coral
que lleva en el dorso una almendra de fuego,
peces de arsénico como tiburones,
tiburones como gotas de llanto para cegar una multitud,
rosas que hieren
y agujas instaladas en los caños de la sangre,
mundos enemigos y amores cubiertos de gusanos
caerán sobre ti. Caerán sobre la gran cúpula
que untan de aceite las lenguas militares
donde un hombre se orina en una deslumbrante paloma
y escupe carbón machacado
rodeado de miles de campanillas.

Porque ya no hay quien reparta el pan ni el vino,
ni quien cultive hierbas en la boca del muerto,
ni quien abra los linos del reposo,
ni quien llore por las heridas de los elefantes.
No hay más que un millón de herreros
forjando cadenas para los niños que han de venir.
No hay más que un millón de carpinteros
que hacen ataúdes sin cruz.
No hay más que un gentío de lamentos
que se abren las ropas en espera de la bala.
El hombre que desprecia la paloma debía hablar,
debía gritar desnudo entre las columnas,
y ponerse una inyección para adquirir la lepra
y llorar un llanto tan terrible
que disolviera sus anillos y sus teléfonos de diamante.
Pero el hombre vestido de blanco

135

ignora el misterio de la espiga,
ignora el gemido de la parturienta,
ignora que Cristo puede dar agua todavía,
ignora que la moneda quema el beso de prodigio
y da la sangre del cordero al pico idiota del faisán.

   Los maestros enseñan a los niños
una luz maravillosa que viene del monte;
pero lo que llega es una reunión de cloacas
donde gritan las oscuras ninfas del cólera.
Los maestros señalan con devoción las enormes cúpulas
pero debajo de las estatuas no hay amor,   [sahumadas;
no hay amor bajo los ojos de cristal definitivo.
El amor está en las carnes desgarradas por la sed,
en la choza diminuta que lucha con la inundación;
el amor está en los fosos donde luchan las sierpes del
                                              [hambre,
en el triste mar que mece los cadáveres de las gaviotas
y en el oscurísimo beso punzante debajo de las almohadas.
Pero el viejo de las manos traslúcidas
dirá: amor, amor, amor,
aclamado por millones de moribundos;
dirá: amor, amor, amor,
entre el tisú estremecido de ternura;
dirá: paz, paz, paz,
entre el tirite de cuchillos y melones de dinamita;
dirá: amor, amor, amor,
hasta que se le pongan de plata los labios.

   Mientras tanto, mientras tanto, ¡ay!, mientras tanto,
los negros que sacan las escupideras,
los muchachos que tiemblan bajo el terror pálido de los di-
las mujeres ahogadas en aceites minerales,   [rectores,
la muchedumbre de martillo, de violín o de nube,
ha de gritar aunque le estrellen los sesos en el muro,
ha de gritar frente a las cúpulas,
ha de gritar loca de fuego,
ha de gritar loca de nieve,
ha de gritar con la cabeza llena de excremento,
ha de gritar como todas las noches juntas,
ha de gritar con voz tan desgarrada
hasta que las ciudades tiemblen como niñas

136

y rompan las prisiones del aceite y la música,
porque queremos el pan nuestro de cada día,
flor de aliso y perenne ternura desgranada,
porque queremos que se cumpla la voluntad de la Tierra
que da sus frutos para todos.

ODA A WALT WHITMAN

Por el East River y el Bronx
los muchachos cantaban enseñando sus cinturas,
con la rueda, el aceite, el cuero y el martillo.
Noventa mil mineros sacaban la plata de las rocas
y los niños dibujaban escaleras y perspectivas.

Pero ninguno se dormía,
ninguno quería ser el río,
ninguno amaba las hojas grandes,
ninguno la lengua azul de la playa.

Por el East River y el Queensborough
los muchachos luchaban con la industria,
y los judíos vendían al fauno del río
la rosa de la circuncisión
y el cielo desembocaba por los puentes y los tejados
manadas de bisontes empujadas por el viento.

Pero ninguno se detenía,
ninguno quería ser nube,
ninguno buscaba los helechos
ni la rueda amarilla del tamboril.

Cuando la luna salga
las poleas rodarán para turbar el cielo;
un límite de agujas cercará la memoria
y los ataúdes se llevarán a los que no trabajan.

Nueva York de cieno,
Nueva York de alambre y de muerte.
¿Qué ángel llevas oculto en la mejilla?
¿Qué voz perfecta dirá las verdades del trigo?
¿Quién el sueño terrible de tus anémonas manchadas?

Ni un solo momento, viejo hermoso Walt Whitman,
he dejado de ver tu barba llena de mariposas,
ni tus hombros de pana gastados por la luna,
ni tus muslos de Apolo virginal,
ni tu voz como una columna de ceniza;
anciano hermoso como la niebla
que gemías igual que un pájaro
con el sexo atravesado por una aguja,
enemigo del sátiro,
enemigo de la vid
y amante de los cuerpos bajo la burda tela.
Ni un solo momento, hermosura viril
que en montes de carbón, anuncios y ferrocarriles,
soñabas ser un río y dormir como un río
con aquel camarada que pondría en tu pecho
un pequeño dolor de ignorante leopardo.

Ni un solo momento, Adán de sangre, macho,
hombre solo en el mar, viejo hermoso Walt Whitman,
porque por las azoteas,
agrupados en los bares,
saliendo en racimos de las alcantarillas,
temblando entre las piernas de los chauffeurs
o girando en las plataformas del ajenjo,
los maricas, Walt Whitman, te señalan.

¡También ése! ¡También! Y se despeñan
sobre tu barba luminosa y casta,
rubios del norte, negros de la arena,
muchedumbres de gritos y ademanes,
como gatos y como las serpientes,
los maricas, Walt Whitman, los maricas
turbios de lágrimas, carne para fusta,
bota o mordisco de los domadores.

¡También ése! ¡También! Dedos teñidos
apuntan a la orilla de tu sueño
cuando el amigo come tu manzana
con un leve sabor de gasolina
y el sol canta por los ombligos
de los muchachos que juegan bajo los puentes.

139

Pero tú no buscabas los ojos arañados,
ni el pantano oscurísimo donde sumergen a los niños,
ni la saliva helada,
ni las curvas heridas como panza de sapo
que llevan los maricas en coches y terrazas
mientras la luna los azota por las esquinas del terror.

Tú buscabas un desnudo que fuera como un río,
toro y sueño que junte la rueda con el alga,
padre de tu agonía, camelia de tu muerte,
y gimiera en las llamas de tu ecuador oculto.

Porque es justo que el hombre no busque su deleite
en la selva de sangre de la mañana próxima.
El cielo tiene playas donde evitar la vida
y hay cuerpos que no deben repetirse en la aurora.

Agonía, agonía, sueño, fermento y sueño.
Éste es el mundo, amigo, agonía, agonía.
Los muertos se descomponen bajo el reloj de las ciudades,
la guerra pasa llorando con un millón de ratas grises,
los ricos dan a sus queridas
pequeños moribundos iluminados,
y la vida no es noble, ni buena, ni sagrada.

Puede el hombre, si quiere, conducir su deseo
por vena de coral o celeste desnudo.
Mañana los amores serán rocas y el Tiempo
una brisa que viene dormida por las ramas.

Por eso no levanto mi voz, viejo Walt Whitman,
contra el niño que escribe
nombre de niña en su almohada,
ni contra el muchacho que se viste de novia
en la oscuridad del ropero,
ni contra los solitarios de los casinos
que beben con asco el agua de la prostitución,
ni contra los hombres de mirada verde
que aman al hombre y queman sus labios en silencio.
Pero sí contra vosotros, maricas de las ciudades,
de carne tumefacta y pensamiento inmundo,

madres de lodo, arpías, enemigos sin sueño
del Amor que reparte coronas de alegría.

Contra vosotros siempre, que dais a los muchachos
gotas de sucia muerte con amargo veneno.
Contra vosotros siempre,
Faeries de Norteamérica,
Pájaros de la Habana,
Jotos de Méjico,
Sarasas de Cádiz,
Apios de Sevilla,
Cancos de Madrid,
Floras de Alicante,
Adelaidas de Portugal.

¡Maricas de todo el mundo, asesinos de palomas!
Esclavos de la mujer, perras de sus tocadores,
abiertos en las plazas con fiebre de abanico
o emboscados en yertos paisajes de cicuta.

¡No haya cuartel! La muerte
mana de vuestros ojos
y agrupa flores grises en la orilla del cieno.
¡No haya cuartel! ¡Alerta!
Que los confundidos, los puros,
los clásicos, los señalados, los suplicantes
os cierren las puertas de la bacanal.

Y tú, bello Walt Whitman, duerme a orillas del Hudson
con la barba hacia el polo y las manos abiertas.
Arcilla blanda o nieve, tu lengua está llamando
camaradas que velen tu gacela sin cuerpo.
Duerme, no queda nada.
Una danza de muros agita las praderas
y América se anega de máquinas y llanto.
Quiero que el aire fuerte de la noche más honda
quite flores y letras del arco donde duermes
y un niño negro anuncie a los blancos del oro
la llegada del reino de la espiga.

IX
HUIDA DE NUEVA YORK
(Dos valses hacia la civilización)

PEQUEÑO VALS VIENÉS

En Viena hay diez muchachas,
un hombro donde solloza la muerte
y un bosque de palomas disecadas.
Hay un fragmento de la mañana
en el museo de la escarcha.
Hay un salón con mil ventanas.
        ¡Ay, ay, ay, ay!
Toma este vals con la boca cerrada.

        Este vals, este vals, este vals,
de sí, de muerte y de coñac
que moja su cola en el mar.

        Te quiero, te quiero, te quiero,
con la butaca y el libro muerto,
por el melancólico pasillo,
en el oscuro desván del lirio,
en nuestra cama de la luna
y en la danza que sueña la tortuga.
        ¡Ay, ay, ay, ay!
Toma este vals de quebrada cintura.

        En Viena hay cuatro espejos
donde juegan tu boca y los ecos.
Hay una muerte para piano
que pinta de azul a los muchachos.
Hay mendigos por los tejados.
Hay frescas guirnaldas de llanto.
        ¡Ay, ay, ay, ay!
Toma este vals que se muere en mis brazos.

        Porque te quiero, te quiero, amor mío,
en el desván donde juegan los niños,

soñando viejas luces de Hungría
por los rumores de la tarde tibia,
viendo ovejas y lirios de nieve
por el silencio oscuro de tu frente.
     ¡Ay, ay, ay, ay!
Toma este vals del «Te quiero siempre».

    En Viena bailaré contigo
con un disfraz que tenga
cabeza de río.
¡Mira qué orillas tengo de jacintos!
Dejaré mi boca entre tus piernas,
mi alma en fotografías y azucenas,
y en las ondas oscuras de tu andar
quiero, amor mío, amor mío, dejar,
violín y sepulcro, las cintas del vals.

VALS EN LAS RAMAS

Cayó una hoja
y dos
y tres.
Por la luna nadaba un pez.
El agua duerme una hora
y el mar blanco duerme cien.
La dama
estaba muerta en la rama.
La monja
cantaba dentro de la toronja.
La niña
iba por el pino a la piña.
Y el pino
buscaba la plumilla del trino.
Pero el ruiseñor
lloraba sus heridas alrededor.
Y yo también
porque cayó una hoja
y dos
y tres.
Y una cabeza de cristal
y un violín de papel
y la nieve podría con el mundo
una a una
dos a dos
y tres a tres.
¡Oh duro marfil de carnes invisibles!
¡Oh golfo sin hormigas del amanecer!
Con el numen de las ramas,
con el ay de las damas,
con el croo de las ranas
y el geo amarillo de la miel.
Llegará un torso de sombra

coronado de laurel.
Será el cielo para el viento
duro como una pared
y las ramas desgajadas
se unirán bailando con él.
Una a una
alrededor de la luna,
dos a dos
alrededor del sol,
y tres a tres
para que los marfiles se duerman bien.

X

EL POETA LLEGA A LA HABANA

A don Fernando Ortiz

SON DE NEGROS EN CUBA

Cuando llegue la luna llena
iré a Santiago de Cuba.
Iré a Santiago.
En un coche de agua negra.
Iré a Santiago.
Cantarán los techos de palmera.
Iré a Santiago.
Cuando la palma quiere ser cigüeña.
Iré a Santiago.
Y cuando quiere ser medusa el plátano.
Iré a Santiago.
Con la rubia cabeza de Fonseca.
Iré a Santiago.
Y con la rosa de Romeo y Julieta.
Iré a Santiago.
Mar de papel y plata de monedas.
Iré a Santiago.
¡Oh Cuba, oh ritmo de semillas secas!
Iré a Santiago.
¡Oh cintura caliente y gota de madera!
Iré a Santiago.
¡Arpa de troncos vivos, caimán, flor de tabaco!
Iré a Santiago.
Siempre dije que yo iría a Santiago
en un coche de agua negra.
Iré a Santiago.
Brisa y alcohol en las ruedas.
Iré a Santiago.
Mi coral en la tiniebla.
Iré a Santiago.
El mar ahogado en la arena.
Iré a Santiago.
Calor blanco, fruta muerta.

Iré a Santiago.
¡Oh bovino frescor de cañavera!
¡Oh Cuba! ¡Oh curva de suspiro y barro!
Iré a Santiago.

ADDENDA A POETA EN NUEVA YORK

CRUCIFIXIÓN

La luna pudo detenerse al fin por la curva blanquísima
[de los caballos.
Un rayo de luz violenta que se escapaba de la herida
proyectó en el cielo el instante de la circuncisión de un
[niño muerto.

La sangre bajaba por el monte y los ángeles la bus-
[caban.
pero los cálices eran de viento y al fin llenaba los zapatos.
Cojos perros fumaban sus pipas y un olor de cuero caliente
ponía grises los labios redondos de los que vomitaban en
[las esquinas.
Y llegaban largos alaridos por el Sur de la noche seca.
Era que la luna quemaba con sus bujías el falo de los ca-
Un sastre especialista en púrpura   [ballos.
había encerrado a tres santas mujeres
y les enseñaba una calavera por los vidrios de la ventana.
Las tres en el arrabal rodeaban a un camello blanco
que lloraba porque al alba
tenía que pasar sin remedio por el ojo de una aguja.
¡Oh cruz! ¡Oh clavos! ¡Oh espina!
¡Oh espina clavada en el hueso hasta que se oxiden los
[planetas!
Como nadie volvía la cabeza, el cielo pudo desnudarse.
Entonces se oyó la gran voz y los fariseos dijeron:
Esa maldita vaca tiene las tetas llenas de leche.
La muchedumbre cerraba las puertas
y la lluvia bajaba por las calles decidida a mojar el corazón
mientras la tarde se puso turbia de latidos y leñadores
y la oscura ciudad agonizaba bajo el martillo de los car-
[pinteros.

Esa maldita vaca
tiene las tetas llenas de perdigones.

dijeron los fariseos.
Pero la sangre mojó sus pies y los espíritus inmundos
estrellaban ampollas de laguna sobre las paredes del templo.
Se supo el momento preciso de la salvación de nuestra
porque la luna lavó con agua   [vida
las quemaduras de los caballos
y no la niña viva que callaron en la arena.
Entonces salieron los fríos cantando sus canciones
y las ranas encendieron sus lumbres en la doble orilla del
Esa maldita vaca, maldita, maldita, maldita,   [río.
no nos dejará dormir, dijeron los fariseos,
y se alejaron a sus casas por el tumulto de la calle
dando empujones a los borrachos y escupiendo sal de los
                                                    [sacrificios
mientras la sangre los seguía con un balido de cordero.

    Fue entonces
y la tierra despertó arrojando temblorosos ríos de polilla.

New York, 18 de octubre de 1929

156

PEQUEÑO POEMA INFINITO

Para Luis Cardoza y Aragón

Equivocar el camino
es llegar a la nieve
y llegar a la nieve
es pacer durante varios siglos las hierbas de los cemen-
[terios.

Equivocar el camino
es llegar a la mujer,
la mujer que no teme la luz,
la mujer que mata dos gallos en un segundo,
la luz que no teme a los gallos
y los gallos que no saben cantar sobre la nieve.

Pero si la nieve se equivoca de corazón
puede llegar el viento Austro
y como el aire no hace caso de los gemidos
tendremos que pacer otra vez las hierbas de los cemen-
[terios.

Yo vi dos dolorosas espigas de cera
que enterraban un paisaje de volcanes
y vi dos niños locos que empujaban llorando las pupilas de
[un asesino.

Pero el dos no ha sido nunca un número
porque es una angustia y su sombra,
porque es la guitarra donde el amor se desespera,
porque es la demostración de otro infinito que no es suyo
y es las murallas del muerto
y el castigo de la nueva resurrección sin finales.

157

Los muertos odian el número dos,
pero el número dos adormece a las mujeres
y como la mujer teme la luz
la luz tiembla delante de los gallos
y los gallos sólo saben volar sobre la nieve
tendremos que pacer sin descanso las hierbas de los cemen-
[terios.

New York, 10 de enero de 1930

INDICE